XQuadrat

MATHEMATIK 10
BADEN-WÜRTTEMBERG

Lösungen

bearbeitet von
Ulrike Klein

Herausgeber
Hannes Klein – *Karlsruhe* • Thilo Schmid – *Winnenden*
Dieter Baum – *Karlsruhe*

Autorinnen und Autoren
Judith Abb – *Mannheim* • Dieter Baum – *Karlsruhe*
Katja Crocoll – *Pfiztal* • Elke Graef – *Winnenden*
Kerstin Heinz – *Ettlingen* • Hannes Klein – *Karlsruhe*
Sabine Kowalk – *Freiburg* • Lisa Polzer – *Karlsruhe*
Thilo Schmid – *Winnenden*

Cornelsen

XQuadrat

Herausgeber
Hannes Klein, Thilo Schmid, Dieter Baum

Autorinnen und Autoren
Judith Abb, Dieter Baum, Katja Crocoll, Elke Graef, Kerstin Heinz, Hannes Klein, Sabine Kowalk, Lisa Polzer, Thilo Schmid

Redaktion: Heike Schulz
Technische Umsetzung: Ulrike Klein, Berlin
Grafik: Stefan Giertzsch

Schülerbuch und Begleitmaterial zum Lehrwerk für Lehrerinnen und Lehrer

Schülerbuch 10	ISBN 978-3-06-004874-8
Lösungen zum Schülerbuch 10	ISBN 978-3-06-004895-3
Handreichungen für den Unterricht mit CD-ROM 10	ISBN 978-3-06-004880-9
Kopiervorlagen für eine Lerntheke 10	ISBN 978-3-06-004886-1

www.cornelsen.de

1. Auflage, 5. Druck 2024

Alle Drucke dieser Auflage sind inhaltlich unverändert
und können im Unterricht nebeneinander verwendet werden.

© 2020 Cornelsen Verlag GmbH, Berlin

Das Werk und seine Teile sind urheberrechtlich geschützt.
Jede Nutzung in anderen als den gesetzlich zugelassenen Fällen bedarf der
vorherigen schriftlichen Einwilligung des Verlages.
Hinweis zu §§ 60a, 60b UrhG: Weder das Werk noch seine Teile dürfen ohne eine
solche Einwilligung an Schulen oder in Unterrichts- und Lehrmedien (§ 60b Abs. 3 UrhG)
vervielfältigt, insbesondere kopiert oder eingescannt, verbreitet oder in ein Netzwerk
eingestellt oder sonst öffentlich zugänglich gemacht oder wiedergegeben werden.
Dies gilt auch für Intranets von Schulen und anderen Bildungseinrichtungen.

Druck: Esser printSolutions GmbH, Bretten

ISBN 978-3-06-004895-3

Inhalt

1	**Potenzen**	**4**	**6**	**Funktionale Zusammenhänge**	**78**
1.1	Zahlen in der Normdarstellung	4	6.1	Lineare Gleichungssysteme	78
1.2	Potenzen multiplizieren und dividieren	5	6.2	Quadratische Gleichungen	80
1.3	Potenzen potenzieren	9	6.3	Die quadratische Funktion $y = ax^2 + c$	81
1.4	Potenzgleichungen lösen	10	6.4	Die quadratische Funktion $y = (x - d)^2 + e$	85
2	**Sachrechnen**	**13**	6.5	Aufgaben systematisch lösen	88
2.1	Prozentuale Veränderungen	13	6.6	Anwendungen mithilfe quadratischer Funktionen lösen	92
2.2	Zinseszinsen und exponentielles Wachstum	14			
2.3	Grafische Darstellungsformen	19			
2.4	Daten auswerten	24			
3	**Wahrscheinlichkeit**	**27**			
3.1	Kombinatorische Überlegungen	27			
3.2	Ereignis und Gegenereignis	29			
3.3	Die Produktregel	31			
3.4	Die Summenregel	32			
3.5	Der Erwartungswert	38			
4	**Trigonometrie**	**41**			
4.1	Sinus und Kosinus	41			
4.2	Tangens	45			
4.3	Berechnungen in rechtwinkligen Dreiecken	47			
4.4	Vielecke	53			
4.5	Rechnen mit besonderen Werten und mit Variablen	58			
4.6	Die Sinusfunktion	60			
5	**Körperberechnung**	**64**			
5.1	Berechnungen in Pyramiden	64			
5.2	Mantel und Oberfläche des Kegels	68			
5.3	Volumen des Kegels	70			
5.4	Oberfläche der Kugel	71			
5.5	Volumen der Kugel	73			
5.6	Verschiedene Körper	74			

1 Potenzen

1.1 Zahlen in der Normdarstellung

Seite 20

1
a Multipliziert man 2 insgesamt 11-mal mit 10, so erhält man die Anzahl der Sterne in der Milchstraße.
b Teilt man 91 insgesamt 32-mal durch 10, so erhält man die Masse eines Elektrons.

2
a Man zählt die Stellen einer Zahl vor bzw. hinter dem Komma. Die Anzahl der Stellen vor dem Komma entspricht der positiven Hochzahl, die der Stellen nach dem Komma der negativen Hochzahl von 10.
b Masse eines Protons: $1{,}672 \cdot 10^{-27}$ kg   Oberfläche des Mars: $1{,}448 \cdot 10^{14}$ m
Grippevirus: $0{,}00000012$ m $= 1{,}2 \cdot 10^{-7}$ m   Milzbranderreger: 6000 nm $= 6 \cdot 10^{-6}$ m

Seite 21

Übungsaufgaben

1
a Zweitausend
b Zweihundertfünfzigtausend
c Dreihundertfünfundachtzigtausend Zweihundertsechsundsiebzig
d Achtundfünfzig Millionen Dreihundertsiebenundneunzigtausend Fünfhundertvierundsechzig
e Fünfhundertvierundsiebzig Millionen Neunhundertsechsundzwanzigtausend Sechshunderteinunddreißig
f Zwei Milliarden Sechshundertfünfundsiebzig Millionen Dreihundertvierundzwanzigtausend einundzwanzig

2 $6 \cdot 10^5$ 600 000   sechshunderttausend
   $6 \cdot 10^6$ 6 000 000   sechs Millionen
   $6 \cdot 10^7$ 60 000 000   sechzig Millionen
   $6 \cdot 10^8$ 600 000 000   sechshundert Millionen
   $6 \cdot 10^9$ 6 000 000 000 sechs Milliarden
   $6 \cdot 10^{10}$ 60 000 000 000 sechzig Milliarden

3
a $3{,}4 \cdot 10^7$ **c** $3{,}95 \cdot 10^{13}$ **e** $5{,}6 \cdot 10^{-4}$
b $4{,}53 \cdot 10^{11}$ **d** $4 \cdot 10^{-2}$ **f** $2{,}53 \cdot 10^{-8}$

4
a 400 000   **e** 0,000 09   **i** 0,000 349 3
b 800 000 000   **f** 0,000 007   **j** 0,000 027 987
c 1 200 000   **g** 0,000 000 47
d 34 520 000   **h** 0,000 000 025 5

5
a 20 km = 20 000 m = $2 \cdot 10^4$ m
b 35 kg = 35 000 g = $3{,}5 \cdot 10^4$ g
c 352 µg = 0,000 352 g = $3{,}52 \cdot 10^{-4}$ g
d 3,75 nm = 0,000 000 003 75 m = $3{,}75 \cdot 10^{-9}$ m
e 7,9 ms = 0,0079 s = $7{,}9 \cdot 10^{-3}$ s
f 2,56 µm = 0,000 002 56 m = $2{,}56 \cdot 10^{-6}$ m

6 Umrechnen der gegebenen Zahlen:
$695 \cdot 10^6 = 6{,}95 \cdot 10^8$ $1\,894\,000 = 1{,}894 \cdot 10^6$ $45 \cdot 10^8 = 4{,}5 \cdot 10^9$
$5433 \cdot 10^{-6} = 5{,}433 \cdot 10^{-3}$ $0{,}04 \cdot 10^{-3} = 4 \cdot 10^{-5}$ $43 \cdot 10^{-5} = 4{,}3 \cdot 10^{-4}$
$6{,}9 \cdot 10^8$ $0{,}000034 = 3{,}4 \cdot 10^{-5}$

Damit folgt:
$3{,}4 \cdot 10^{-5} < 4 \cdot 10^{-5} < 4{,}3 \cdot 10^{-4} < 5{,}433 \cdot 10^{-3} < 1{,}894 \cdot 10^6 < 6{,}9 \cdot 10^8 < 6{,}95 \cdot 10^8 < 4{,}5 \cdot 10^9$, also
$0{,}000\,034 < 0{,}04 \cdot 10^{-3} < 43 \cdot 10^{-5} < 5433 \cdot 10^{-6} < 1\,894\,000 < 6{,}9 \cdot 10^8 < 695 \cdot 10^6 < 45 \cdot 10^8$

7
a $15^9 \approx 3{,}8 \cdot 10^{10}$ **c** $23^8 \approx 7{,}8 \cdot 10^{10}$ **e** $2^{-56} \approx 1{,}4 \cdot 10^{-17}$
b $39^7 \approx 1{,}4 \cdot 10^{11}$ **d** $56^{-6} \approx 3{,}2 \cdot 10^{-11}$ **f** $6{,}9^{-14} \approx 1{,}8 \cdot 10^{-12}$

8
a $3{,}4 \cdot 10^5 + 9{,}2 \cdot 10^5 = 340\,000 + 920\,000 = 1\,260\,000 = 1{,}26 \cdot 10^6$
   $(3{,}4 + 9{,}2) \cdot 10^5 = 12{,}6 \cdot 10^5 = 1{,}26 \cdot 10^6$
b $1{,}2 \cdot 10^8 - 0{,}8 \cdot 10^8 = 120\,000\,000 - 80\,000\,000 = 40\,000\,000 = 4 \cdot 10^7$
   $(1{,}2 - 0{,}8) \cdot 10^8 = 0{,}4 \cdot 10^8 = 4 \cdot 10^7$

Regel: Bei gleichem Exponenten können die Zahlfaktoren einzeln addiert bzw. subtrahiert werden.

9 $2{,}72 \cdot 10^3 + 1{,}2 \cdot 10^{-2} = 2720{,}012$

10
a $2{,}5 \cdot 10^{-4}$ kg = 0,000 25 kg = 0,25 g = 250 mg
b $4 \cdot 10^{-2}$ m = 0,04 m = 4 cm = 40 mm
c 10^{-6} m³ = 0,000001 m³ = 1 cm³

1.2 Potenzen multiplizieren und dividieren

Seite 22

1 Individuelle Lösungen, beispielsweise:

$2^1 \cdot 2^5 = 2^6 = 64$ $\dfrac{2^9}{2^4} = 2^5 = 32$

$2^2 \cdot 2^4 = 2^6 = 64$ $\dfrac{2^8}{2^3} = 2^5 = 32$

$2^3 \cdot 2^3 = 2^6 = 64$ $\dfrac{2^7}{2^2} = 2^5 = 32$

$2^4 \cdot 2^2 = 2^6 = 64$ $\dfrac{2^6}{2^1} = 2^5 = 32$

Das Ergebnis ist bei allen Aufgaben dasselbe.

2 $x^4 \cdot x^7 = x^{11}$ $\dfrac{x^{15}}{x^3} = x^{12}$

1 Potenzen

Übungsaufgaben

1
a $9^4 \cdot 9^5 = 9^9$
b $4^7 \cdot 4^4 = 4^{11}$
c $7^2 \cdot 7^{13} = 7^{15}$
d $2^{12} \cdot 2^{53} = 2^{65}$
e $9^{24} \cdot 9^{34} = 9^{58}$
f $6^3 \cdot 6^{14} = 6^{17}$
g $11^{42} \cdot 11^{100} = 11^{142}$
h $13^{10} \cdot 13^{10} = 13^{20}$
i $35^{33} \cdot 35^{117} = 35^{150}$

2
a $\frac{2^4}{2^2} = 2^2 = 4$
b $\frac{2^6}{2^3} = 2^3 = 8$
c $\frac{3^6}{3^4} = 3^2 = 9$
d $\frac{3^9}{3^6} = 3^3 = 27$
e $\frac{5^8}{5^5} = 5^3 = 125$
f $\frac{8^7}{8^5} = 8^2 = 64$
g $\frac{12^{15}}{12^{13}} = 12^2 = 144$
h $\frac{2^{10}}{2^{10}} = 2^0 = 1$

Seite 23

3
a $(-8)^4 \cdot (-8)^3 = (-8)^7$
b $(-4)^5 \cdot (-4)^2 = (-4)^7$
c $\frac{(-9)^{16}}{(-9)^{14}} = (-9)^2$
d $\frac{(-2)^{13}}{(-2)^4} = (-2)^9$
e $0{,}7^7 \cdot 0{,}7^4 = 0{,}7^{11}$
f $1{,}1^7 \cdot 1{,}1^{10} = 1{,}1^{17}$

4
a $4^4 \cdot 4^3 = 4^7 = 16\,384$
b $3^6 \cdot 3^8 = 3^{14} = 4\,782\,969$
c $7^4 \cdot 7^6 = 7^{10} = 282\,475\,249$
d $5^5 \cdot 5^8 = 5^{13} = 1\,220\,703\,125$
e $10^4 \cdot 10^3 = 10^7 = 10\,000\,000$
f $0{,}5^3 \cdot 0{,}5^5 = 0{,}5^8 = 0{,}00390625$
g $1{,}3^3 \cdot 1{,}3^9 = 1{,}3^{12} = 23{,}298\,085\,12$
h $(-2)^8 \cdot (-2)^{13} = (-2)^{21} = -2\,097\,152$
i $(-8)^4 \cdot (-8)^5 = (-8)^9 = -134\,217\,728$

5
a $\frac{3^8}{3^3} = 3^5 = 243$
b $\frac{5^7}{5^4} = 5^3 = 125$
c $\frac{2^{12}}{2^2} = 2^{10} = 1024$
d $\frac{9^{17}}{9^{11}} = 9^6 = 531\,441$
e $\frac{15^{19}}{15^{15}} = 15^4 = 50\,625$
f $\frac{(-6)^9}{(-6)^7} = (-6)^2 = 36$
g $\frac{(-21)^{32}}{(-21)^{28}} = (-21)^4 = 194\,481$
h $\frac{1{,}5^{16}}{1{,}5^7} = 1{,}5^9 = 38{,}443\,359\,38$

6

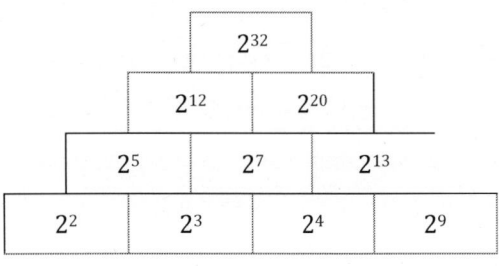

7
a $2 = 2^1$; $1 = 2^0$; $\frac{1}{2} = 2^{-1}$; $\frac{1}{4} = 2^{-2}$; $\frac{1}{8} = 2^{-3}$; $\frac{1}{16} = 2^{-4}$
b $\frac{1}{32} = \frac{1}{2^5} = 2^{-5}$
c Ein negativer Exponent bedeutet, dass 1 durch die Zahl mit dem positiven Exponenten geteilt wird.

1.2 Potenzen multiplizieren und dividieren

8
a $5^5 \cdot 5^{-3} = 5^2 = 25$ d $\frac{3^2}{3^{-2}} = 3^4 = 81$ g $0{,}5^{-4} : 0{,}5^2 = 0{,}5^{-6} = \frac{1}{0{,}5^6} = 64$
b $8^7 \cdot 8^{-6} = 8^1 = 8$ e $\frac{4^4}{4^{-2}} = 4^6 = 4096$ h $1{,}8^{-6} : 1{,}8^{-7} = 1{,}8^1 = 1{,}8$
c $6^{10} \cdot 6^{-11} = 6^{-1} = \frac{1}{6}$ f $\frac{9^{11}}{9^7} = 9^4 = 6561$ i $2{,}5^6 \cdot 2{,}5^{-6} = 2{,}5^0 = 1$

9
a $\left(\frac{1}{2}\right)^4 \cdot \left(\frac{1}{2}\right)^{-3} \cdot \left(\frac{1}{2}\right)^5 = \left(\frac{1}{2}\right)^6$ c $\left(-\frac{1}{6}\right)^{-8} \cdot \left(-\frac{1}{6}\right)^{11} \cdot \left(-\frac{1}{6}\right)^1 = \left(-\frac{1}{6}\right)^4$
b $\left(\frac{3}{4}\right)^3 \cdot \left(\frac{3}{4}\right)^8 \cdot \left(\frac{3}{4}\right)^{-2} = \left(\frac{3}{4}\right)^9$ d $\left(-\frac{5}{8}\right)^2 \cdot \left(-\frac{5}{8}\right)^{-9} \cdot \left(-\frac{5}{8}\right)^3 = \left(-\frac{5}{6}\right)^{-4}$

10
a $\frac{4^4}{4^6} = \frac{1}{4^2} = 4^{-2}$ c $\frac{2^2}{2^6} = \frac{1}{2^4} = 2^{-4}$ e $\frac{12^7}{12^{10}} = \frac{1}{12^3} = 12^{-3}$ g $\frac{22^4}{22^9} = \frac{1}{22^5} = 22^{-5}$
b $\frac{5^2}{5^7} = \frac{1}{5^5} = 5^{-5}$ d $\frac{7^3}{7^8} = \frac{1}{7^5} = 7^{-5}$ f $\frac{10^5}{10^7} = \frac{1}{10^2} = 10^{-2}$ h $\frac{6^3}{6^6} = \frac{1}{6^3} = 6^{-3}$

11
a $5^7 \cdot 5^6 = 5^{13}$ c $8^9 \cdot 8^6 = 8^{15}$ e $(-7)^{10} : (-7)^6 = (-7)^4$ g $y^{16} : y^{11} = y^5$
b $(-4)^3 \cdot (-4)^9 = (-4)^{12}$ d $7^2 \cdot 7^5 = 7^7$ f $3^{15} : 3^8 = 3^7$ h $m^7 : m^3 = m^4$

12
a $x^4 \cdot x^3 = x^7$ c $y^3 \cdot y^6 = y^9$ e $\frac{k^9}{k^4} = k^5$
b $a^6 \cdot a^8 = a^{14}$ d $\frac{w^5}{w^2} = w^3$ f $\frac{a^{12}}{a} = a^{11}$

13
a Das Minuszeichen vor der Basis wurde vergessen, richtig ist $(-4)^3 \cdot (-4)^2 = (-4)^5$
b Das Minuszeichen vor dem letzten Exponenten wurde nicht berücksichtigt, richtig ist $x^2 \cdot x^4 \cdot x^{-4} = x^2$
c Zähler und Nenner im Bruch wurden vertauscht, richtig ist $\frac{2^5}{2^7} = 2^{-2}$
d Der Exponent 1 im Nenner wurde nicht berücksichtigt, richtig ist: $\frac{y^{10}}{y} = y^9$

Seite 24

14 $a^2 \cdot a^5 \cdot a^6 = a^{13}$ $a^8 \cdot a^7 \cdot a^9 = a^{24}$ $a^3 \cdot a^2 \cdot a^5 \cdot a = a^{11}$
$\frac{a^{12}}{a^{10}} \cdot a^5 = a^7$ $\frac{a^{25}}{a^{13}} = a^{12}$ $\frac{a^{18}}{a^8} \cdot a^6 = a^{16}$

15 $x^4 \cdot x^3 \cdot x^2 \cdot x = x^{4+3+2+1} = x^{10}$

16
a $\frac{1}{25} = \frac{1}{5^2} = 5^{-2}$ e $\frac{1}{27} = \frac{1}{3^3} = 3^{-3}$
b $\frac{1}{16} = \frac{1}{4^2} = 4^{-2}$ oder $\frac{1}{16} = \frac{1}{2^4} = 2^{-4}$ f $\frac{1}{32} = \frac{1}{2^5} = 2^{-5}$
c $\frac{1}{125} = \frac{1}{5^3} = 5^{-3}$ g $\frac{1}{256} = \frac{1}{2^8} = 2^{-8}$ oder $\frac{1}{256} = \frac{1}{4^4} = 4^{-4}$ oder $\frac{1}{256} = \frac{1}{16^2} = 16^{-2}$
d $\frac{1}{64} = \frac{1}{8^2} = 8^{-2}$ oder $\frac{1}{64} = \frac{1}{2^6} = 2^{-6}$ h $-\frac{1}{10\,000} = -\frac{1}{10^4} = -10^{-4}$ oder $-\frac{1}{10\,000} = -\frac{1}{100^2} = -100^{-2}$

1 Potenzen

17

a $15^{-5} = \frac{1}{15^5} = 0{,}00000132 < 1$, da der Exponent negativ ist

b $(-20)^9 = -512\,000\,000\,000 < 1$, da die Basis < 0 und der Exponent ungerade ist

c $\frac{1}{4^2} = \frac{1}{16} = 0{,}0625 < 1$, da es ein Bruch ist

d $-35^2 = -1225 < 1$, da das Minuszeichen nicht potenziert wird

e $0{,}5^{-4} = \frac{1}{0{,}5^4} = 16 > 1$, da der Exponent negativ und die Basis < 1 ist

f $125^{-2} = \frac{1}{125^2} = \frac{1}{15625} < 1$, da der Exponent negativ und die Basis > 1 ist.

Potenzen mit gleichem Exponenten

18 Im ersten Schritt werden die Potenzen jeweils ausgeschrieben, im zweiten (paarweise) neu sortiert (Kommutativgesetz) und im dritten werden die Paare als Potenz zusammengefasst.

Seite 25

19

a $2^6 \cdot 3^6 = (2 \cdot 3)^6 = 6^6$

b $5^3 \cdot 2^3 = (5 \cdot 2)^3 = 10^3$

c $7^9 \cdot 5^9 = (7 \cdot 5)^9 = 35^9$

d $4^3 \cdot 9^3 = (4 \cdot 9)^3 = 36^3$

e $16^4 \cdot 2^4 = (16 \cdot 2)^4 = 32^4$

f $0{,}5^4 \cdot 3^4 = (0{,}5 \cdot 3)^4 = 1{,}5^4$

g $1{,}5^5 \cdot 5^5 = (1{,}5 \cdot 5)^5 = 7{,}5^5$

h $(-2)^8 \cdot 3^8 = ((-2) \cdot 3)^8 = (-6)^8$

i $8^{10} \cdot (-9)^{10} = (8 \cdot (-9))^{10} = (-72)^{10}$

20

a $\frac{16^4}{8^4} = \left(\frac{16}{8}\right)^4 = 2^4 = 16$

b $\frac{24^4}{8^4} = \left(\frac{24}{8}\right)^4 = 3^4 = 81$

c $\frac{36^3}{6^3} = \left(\frac{36}{6}\right)^3 = 6^3 = 216$

d $\frac{125^5}{25^5} = \left(\frac{125}{25}\right)^5 = 5^5 = 3125$

e $\frac{300^2}{150^2} = \left(\frac{300}{150}\right)^2 = 2^2 = 4$

f $\frac{12^3}{0{,}5^3} = \left(\frac{12}{0{,}5}\right)^3 = 24^3 = 13\,824$

g $\frac{2{,}5^4}{0{,}5^4} = \left(\frac{2{,}5}{0{,}5}\right)^4 = 5^4 = 625$

h $\frac{5^6}{1{,}25^6} = \left(\frac{5}{1{,}25}\right)^6 = 4^6 = 4096$

21

a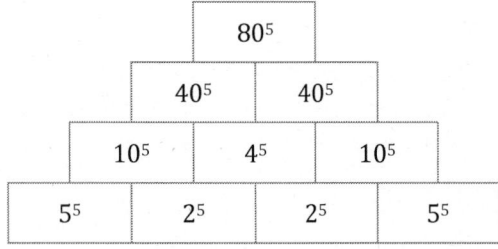

b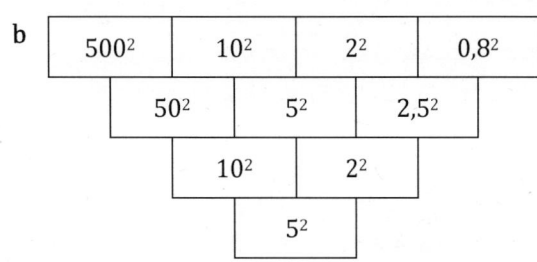

c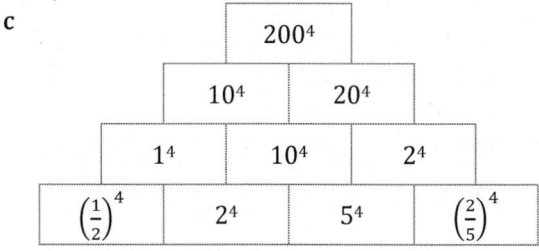

d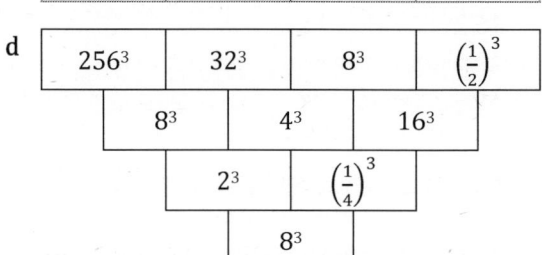

22
a $4^2 + 6^2 = 16 + 36 = 52$ **b** $3^3 + 5^3 = 27 + 125 = 152$ **c** $2^5 + 4^5 = 32 + 1024 = 1056$
$4^2 \cdot 6^2 = (4 \cdot 6)^2 = 24^2 = 576$ $3^3 \cdot 5^3 = (3 \cdot 5)^3 = 15^3 = 3375$ $2^5 \cdot 4^5 = (2 \cdot 4)^5 = 8^5 = 32\,768$

23
a $50^3 \cdot 20^3 = 1000^3 = 1\,000\,000\,000 = 1 \cdot 10^9$ **d** $\left(\frac{1}{5}\right)^4 \cdot 15^4 = 3^4 = 81$
b $0{,}4^2 \cdot 20^2 = 8^2 = 64$ **e** $\frac{(-48)^{12}}{4{,}8^{12}} = (-10)^{12} = 1 \cdot 10^{12} = 1\,000\,000\,000\,000$
c $(-6)^5 \cdot \left(\frac{5}{3}\right)^5 = (-10)^5 = -100\,000$ **f** $\frac{3^2}{6^2} = \left(\frac{1}{2}\right)^2 = \frac{1}{4}$

24
a $4000^3 = (4 \cdot 1000)^3 = 4^3 \cdot 1000^3 = 64 \cdot 1\,000\,000\,000 = 6{,}4 \cdot 10^{10}$
b $200^5 = (2 \cdot 100)^5 = 2^5 \cdot 100^5 = 32 \cdot 10\,000\,000\,000 = 3{,}2 \cdot 10^{11}$
c $400^4 = (4 \cdot 100)^4 = 4^4 \cdot 100^4 = 256 \cdot 100\,000\,000 = 2{,}56 \cdot 10^{10}$
d $30\,000^2 = (3 \cdot 10\,000)^2 = 3^2 \cdot 10\,000^2 = 9 \cdot 100\,000\,000 = 9 \cdot 10^8$
e $12\,000^3 = (12 \cdot 1000)^3 = 12^3 \cdot 1000^3 = 1728 \cdot 1\,000\,000\,000 = 1{,}728 \cdot 10^{12}$
f $1\,300\,000^2 = (13 \cdot 100\,000)^2 = 13^2 \cdot 100\,000^2 = 169 \cdot 10\,000\,000\,000 = 1{,}69 \cdot 10^{12}$

25
a $x^3 \cdot y^3 = (x \cdot y)^3 = (xy)^3$ **d** $\left(\frac{1}{2}\right)^6 \cdot k^6 = \left(\frac{1}{2} \cdot k\right)^6 = \left(\frac{k}{2}\right)^6$
b $s^5 \cdot e^5 = (s \cdot e)^5 = (se)^5$ **e** $\frac{x^{12}}{y^{12}} = \left(\frac{x}{y}\right)^{12}$
c $2^4 \cdot u^4 = (2 \cdot u)^4 = (2u)^4$ **f** $\frac{3^2}{a^2} = \left(\frac{3}{a}\right)^2$

26
a $2^6 \cdot 3^6 = 6^6$ **c** $8^5 \cdot 7^5 = 56^5$ **e** $\frac{18^{11}}{3^{11}} = 6^{11}$
b $5^4 \cdot 5^4 = 25^4$ **d** $\frac{15^9}{3^9} = 5^9$ **f** $\frac{16^{13}}{4^{13}} = 4^{13}$ (Beispiellösung)

27
a $18^6 = 2^6 \cdot 9^6 = 3^6 \cdot 6^6$ **d** $42^{13} = 2^{13} \cdot 21^{13} = 3^{13} \cdot 14^{13} = 6^{13} \cdot 7^{13}$
b $12^7 = 2^7 \cdot 6^7 = 3^7 \cdot 4^7$ **e** $125^9 = 5^9 \cdot 25^9 = 5^9 \cdot 5^9 \cdot 5^9$
c $60^4 = 2^4 \cdot 30^4 = 6^4 \cdot 10^4 = 5^4 \cdot 12^4 = 4^4 \cdot 15^4$ **f** $364^4 = 2^4 \cdot 182^4 = 4^4 \cdot 91^4 = 28^4 \cdot 13^4 = 14^4 \cdot 26^4$

28
a Blaue Würfel: $3^3 = 27$; rote Würfel: $3^3 \cdot 3^3 = 27 \cdot 27 = 729 = 9^3$
b Ja, denn jede Kubikzahl kann man als a^3 schreiben und dann gilt $a^3 \cdot b^3 = (a \cdot b)^3$.

1.3 Potenzen potenzieren

Seite 26

1 $(2^4)^5 = 2^4 \cdot 2^4 \cdot 2^4 \cdot 2^4 \cdot 2^4$ $(2^3)^4 = 2^3 \cdot 2^3 \cdot 2^3 \cdot 2^3$ $(2^2)^3 = 2^2 \cdot 2^2 \cdot 2^2$
Potenzen werden potenziert, indem man die Exponenten multipliziert.

1 Potenzen

Übungsaufgaben

1
a $(10^3)^2 = 10^6 = 1\,000\,000$
b $(10^2)^4 = 10^8 = 100\,000\,000$
c $(10^5)^3 = 10^{15} = 1\,000\,000\,000\,000\,000$
d $(10^3)^4 = 10^{12} = 1\,000\,000\,000\,000$
e $(10^4)^2 = 10^8 = 100\,000\,000$
f $(10^2)^5 = 10^{10} = 10\,000\,000\,000$
g $(10^6)^2 = 10^{12} = 1\,000\,000\,000\,000$
h $(10^3)^3 = 10^9 = 1\,000\,000\,000$

2
a $(3^6)^3 = 3^{18} = 387\,420\,489$
b $(2^3)^5 = 2^{15} = 32\,768$
c $(5^2)^3 = 5^6 = 15\,625$
d $(10^5)^2 = 10^{10} = 10\,000\,000\,000$
e $(2^2)^3 = 2^6 = 64$
f $(10^2)^9 = 10^{18} = 1\,000\,000\,000\,000\,000\,000$
g $(3^3)^3 = 3^9 = 19\,683$
h $(5^3)^4 = 5^{12} = 244\,140\,625$

3
a $-(1^3)^4 = -1^{12} = -1$
b $(-1^3)^4 = (-1)^{12} = 1$
c $(-1^2)^4 = (-1)^8 = 1$
d $-(-1^3)^4 = -(-1)^{12} = -1$
e $-(-1^3)^5 = -(-1)^{15} = 1$
f $-(1^2)^6 = -1^{12} = -1$

4
a $(5^3)^4 = 5^{12}$
b $(5^3)^7 = 5^{21}$
c $(2^2)^4 = 2^8$
d $(8^5)^{-3} = 8^{-15}$
e $(6^{-4})^{-4} = 6^{16}$
f $(12^2)^{12} = 12^{24}$

5
a $100^9 = (10^2)^9 = (10^9)^2 = 1\,000\,000\,000^2$
b $125^8 = (5^3)^8 = (5^8)^3 = 390\,625^3$
c $16^8 = (4^2)^8 = (4^8)^2 = 65\,536^2$
d $64^6 = (8^2)^6 = (8^6)^2 = 262\,144^2$
e $625^4 = (25^2)^4 = (25^4)^2 = 390\,625^2$
f $256^3 = (2^8)^3 = (2^3)^8 = 8^8$

6
a Die Exponenten wurden addiert, nicht multipliziert. Richtig ist: $(2^2)^3 = 2^6$
b Das Minuszeichen wurde vergessen. Richtig ist: $(3^4)^{-5} = 3^{-20}$

7 Michelle: $(10^{10})^{10} = 10^{100}$. Das Ergebnis ist eine 1 mit 100 Nullen. Das passt auf eine Heftseite.
Ali: $10^{(10^{10})} = 10^{10\,000\,000\,000}$: Das ist eine 1 mit 10 000 000 000 Nullen. Bei 25 Zeilen mit 100 Zeichen sind das 2500 Zeichen. Dann braucht man für diese Zahl 4 000 000 Heftseiten.

1.4 Potenzgleichungen lösen

Seite 27

1 Zuerst berechnet Lilly das Volumen eines Würfels. Danach überlegt sie, welche Zahl zur dritten Potenz erhoben dieses Volumen (27 cm³) ergibt und kommt so auf die Länge einer Kante: a = 3 cm.

1.4 Potenzgleichungen lösen

Übungsaufgaben

1

a $7x^3 = 189 \quad |:7$
$\quad x^3 = 27 \quad |\sqrt[3]{}$
$\quad x = 3$

b $10x^5 = 2430 \quad |:10$
$\quad x^5 = 243 \quad |\sqrt[5]{}$
$\quad x = 3$

c $x^7 : 4 = 4096 \quad |\cdot 4$
$\quad x^7 = 16\,384 \quad |\sqrt[7]{}$
$\quad x = 4$

d $13m^7 = 1664 \quad |:13$
$\quad m^7 = 128 \quad |\sqrt[7]{}$
$\quad m = 2$

e $a^9 : 8 = 64 \quad |\cdot 8$
$\quad a^9 = 512 \quad |\sqrt[9]{}$
$\quad a = 2$

f $3p^5 = 9375 \quad |:3$
$\quad p^5 = 3125 \quad |\sqrt[5]{}$
$\quad p = 5$

g $b^3 : 4 = 432 \quad |\cdot 4$
$\quad b^3 = 1728 \quad |\sqrt[3]{}$
$\quad b = 12$

h $x^7 \cdot 5 = 640 \quad |:5$
$\quad x^7 = 128 \quad |\sqrt[7]{}$
$\quad x = 2$

2

$x^3 + 5 = 13 \quad |-5$
$\quad x^3 = 8 \quad |\sqrt[3]{}$
$\quad x = 2$

$d^5 + 66 = 1090 \quad |-66$
$\quad d^5 = 1024 \quad |\sqrt[5]{}$
$\quad x = 4$

$a^9 - 683 = 19\,000 \quad |+683$
$\quad a^9 = 19\,683 \quad |\sqrt[9]{}$
$\quad a = 3$

$q^5 - 776 = 7000 \quad |+776$
$\quad q^5 = 7776 \quad |\sqrt[5]{}$
$\quad q = 6$

$a^7 - 187 = 2000 \quad |+187$
$\quad a^7 = 2187 \quad |\sqrt[7]{}$
$\quad a = 3$

$b^3 + 109 = 234 \quad |-109$
$\quad b^3 = 125 \quad |\sqrt[3]{}$
$\quad b = 5$

$x^{11} - 540 = 1508 \quad |+540$
$\quad x^{11} = 2048 \quad |\sqrt[11]{}$
$\quad x = 2$

$y^7 + 23 = 2210 \quad |-23$
$\quad y^7 = 2187 \quad |\sqrt[7]{}$
$\quad y = 3$

3 Magnus hat Recht. Wenn der Exponent gerade ist, gibt es zwei Lösungen mit entgegengesetzten Vorzeichen.
Weitere Lösungsbeispiele:
$2x^2 = 32$: $x_1 = 4$; $x_2 = -4$
$3x^2 = 75$: $x_1 = 5$; $x_2 = -5$
$x^4 = 81$: $x_1 = 3$; $x_2 = -3$

Seite 28

4

a $7 + x^3 = 736$: eine Lösung; $x = 9$
b $x^5 - 125 = 3000$: eine Lösung; $x = 5$
c $x^8 - 1 = 6560$: zwei Lösungen; $x_1 = 3$; $x_2 = -3$
d $x^2 + 99 = 220$: zwei Lösungen; $x_1 = 11$; $x_2 = -11$
e $2x^7 = 256$: eine Lösung; $x = 2$
f $x^6 : 2 = 2048$: zwei Lösungen; $x_1 = 4$; $x_2 = -4$
g $x^3 : 5 = 675$: eine Lösung; $x = 15$
h $2x^{12} = 8192$: zwei Lösungen; $x_1 = 2$; $x_2 = -2$

1 Potenzen

5
a $5 + x^4 = 86$: zwei Lösungen; $x_1 = 3$; $x_2 = -3$
b $2q^5 = 15\,552$: eine Lösung; $q = 6$
c $a^6 - 4 = 725$: zwei Lösungen; $a_1 = 3$; $a_2 = -3$
d $19b^3 = 2375$: eine Lösung; $b = 5$
e $c^5 : 2 = 512$: eine Lösung; $c = 4$
f $4y^2 = 324$: zwei Lösungen; $y_1 = 9$; $y_2 = -9$
g $36 + x^9 = 19\,719$: eine Lösung; $x = 3$
h $m^8 - 13 = 65\,523$: zwei Lös.; $m_1 = 4$; $m_2 = -4$

6
a $x_1 = 9$; $x_2 = -9$
b $v_1 = 2$; $v_2 = -2$
c $b_1 = 12$; $b_2 = -12$
d $x_1 = 2$; $x_2 = -2$
e $x = 6$
f $a = 4$
g $q_1 = 3$; $q_2 = -3$
h $d_1 = 4$; $d_2 = -4$

7
a $500\text{ cm}^3 = 4 \cdot a^3$; $a = 5$ cm
b $2401\text{ mm}^3 = 7 \cdot a^3$; $a = 7$ mm
c $120\text{ dm}^3 = 15 \cdot a^3$; $a = 2$ dm
d $1152\text{ m}^3 = 18 \cdot a^3$; $a = 4$ m
e $5832\text{ cm}^3 = 8 \cdot a^3$; $a = 9$ cm
f $768\text{ cm}^3 = 12 \cdot a^3$; $a = 4$ cm

8 Neues Volumen: $V_{neu} = 1{,}05 \cdot 330\text{ cm}^3 = 346{,}5\text{ cm}^3$
$346{,}5\text{ cm}^3 = a^3$; $a \approx 7{,}02$ cm

9
a Die Aufgabe passt zu der Geschichte ② und ③.
b $x = 2$

10
a $x^6 = 64$: zwei Lösungen; $x_1 = 2$; $x_2 = -2$
b $x^4 = -16$: keine Lösung
c $x^2 = 0$: eine Lösung; $x = 0$
d $x^8 = 256$: zwei Lösungen; $x_1 = 2$; $x_2 = -2$
e $x^2 = -9$: keine Lösung
f $x^4 = 16$: zwei Lösungen; $x_1 = 2$; $x_2 = -2$
g $x^5 = 0$: eine Lösung; $x = 0$
h $x^7 = 2187$: eine Lösung; $x = 3$
i $x^2 = -81$: keine Lösung

11
a $x^4 = 625$: zwei Lösungen; $\{+5; -5\}$
b $x^8 = 256$: zwei Lösungen; $\{+2; -2\}$
c $2x^2 = 98$: zwei Lösungen; $\{+7; -7\}$
d $4x^4 = 324$: zwei Lösungen; $\{+3; -3\}$
e $x^4 + 13 = 4$: keine Lösung; $\{\}$
f $x^6 - 13 = -13$: eine Lösung; $\{0\}$

2 Sachrechnen

2.1 Prozentuale Veränderungen

Seite 36

1 Veränderungsfaktor bei Berechnung des Preises mit Mehrwertsteuer: q = 1,19
Veränderungsfaktor bei Berechnung des Preises mit Skonto: q = 0,97
Endpreis, wenn zuerst die Mehrwertsteuer, dann der Skonto berechnet wird:
G_2 = 14 800 € · 1,19 · 0,97 = 17 083,64 €
Endpreis, wenn zuerst der Skonto, dann die Mehrwertsteuer berechnet wird:
G_2 = 14 800 € · 0,97 · 1,19 = 17 083,64 €
Der Endpreis ist derselbe, unabhängig davon, in welcher Reihenfolge gerechnet wird.
Betrachtet man die Rechnungen, kann man sich dies auch mit den Rechengesetzen klar machen: Mit dem Kommutativgesetz können Faktoren in beliebig getauscht werden.

Übungsaufgaben

1
a P = 1,21 € · 1,45 = 1,75 €: Der Blumenkohl kostet nun 1,75 €.
b q = $\frac{1,67}{1,48}$ = 1,128: Der Benzinpreis ist um 12,8 % gestiegen.
c G_{vorher} = $\frac{1895 €}{1,028}$ = 1843,39 €: Vor der Gehaltserhöhung erhielt Frau Otterbach 1843,39 €.
d G_1 = 89 € · 0,65 = 57,85 €: Die Schuhe kosten nun 57,85 €.

2
a P = 674,95 € · 0,92 · 0,85 = 527,81 €: Der Ski kostet nun 527,81 €.
b P = $\frac{485 €}{0,92 \cdot 0,85}$ = 620,20 €: Dieses Modell kostete zuvor 620,20 €.
q = $\frac{485}{620,20}$ = 0,782: Der Preis wurde insgesamt um 21,8 % gesenkt.
c q_3 = $\frac{500}{799 \cdot 0,92 \cdot 0,85}$ = 0,800: Die weitere prozentuale Preisreduktion betrug 20,0 %.

Seite 37

3 q = $\frac{810}{725}$ = 1,117: Marcs Gehalt steigt um 11,7 %. wenn auch im dritten Jahr seine Vergütung entsprechend steigt, gilt:
810 € · 1,117 = 904,77 €: Marc wird im dritten Ausbildungsjahr 904,77 € verdienen.

4 q_{gesamt} = 0,85 · 0,9 = 0,765: Der Preis für das Tablet wird insgesamt um 23,5 % gesenkt.
Lina hat nicht Recht. Die beiden Preissenkungen beziehen sich auf unterschiedliche Grundwerte und können deswegen nicht addiert werden.

5
87 € · 1,08 · 0,92 = 87 € · 0,9936 = 86,44 €
① ist nicht richtig, da prozentuale Veränderungen nicht addiert werden dürfen. Der Endpreis sinkt,
② ist richtig.
③ ist nicht richtig. Die gesamte prozentuale Veränderung beträgt 0,64 %.

6

Tag	Radfahren	Laufen	Schwimmen
1	48,5 km	4,6 km	2,8 km
2	55,8 km	5,3 km	3,2 km
3	41,8 km	4,0 km	2,4 km

7
a Die Kopie hat die Seitenlängen 11,25 cm x 16,25 cm.
b $A_{vorher} = 117$ cm²; $A_{nachher} = 182,8125$ cm²
   $q = \frac{182,8125 \text{ cm}^2}{117 \text{ cm}^2} = 1,5625$: Der Flächeninhalt hat sich um 56,25 % vergrößert.
c kurze Seite: $q = \frac{3,5}{9} = 0,39$; lange Seite: $q = \frac{5}{13} = 0,385$
   Das Originalfoto muss auf 38,5 % verkleinert werden, also um 61,5 %.

8
a $q = \frac{116,2}{36,8} = 3,158$
   Die Lebkuchenproduktion hat von 1965 bis 1995 um 215,8 % zugenommen.
b $q = \frac{73,3}{97,7} = 0,75$
   Die Lebkuchenproduktion hat von 1965 bis 1995 um 25 % abgenommen.
c $73,3 \cdot 1,03 \cdot 1,03 \cdot 1,03 = 80,10$
   Die Zahlen stehen für je 1000 Tonnen, für 2019 geht man von einer Produktion von 80 100 t aus.

9
a $q = \frac{11,19}{8,76} = 1,277$
   Den stärksten Anstieg gibt es für 30-m²-Wohnungen von 2013 auf 2014, um 27,7 %.
b 30-m²-Wohnungen: $q = \frac{12,58}{8,76} = 1,436$: Anstieg um 43,6 %
   60-m²-Wohnungen: $q = \frac{9,01}{7,45} = 1209$: Anstieg um 20,9 %
   100-m²-Wohnungen: $q = \frac{9,46}{7,09} = 1,334$: Anstieg um 33,4 %
c Mögliche Erklärung: Kleine Wohnungen werden mehr nachgefragt, zum Beispiel weil es mehr Single-Haushalte gibt

2.2 Zinseszinsen und exponentielles Wachstum

Seite 38

1
a $15\,000$ € $\cdot 1,018 = 15\,270$ €
   Nach einem Jahr hat Herr Reuter 15 270 € auf dem Konto.
b $15\,000$ € $\cdot 1,018^{10} = 17\,929,54$ €
   Nach zehn Jahren werden ihm 17 929,54 € ausgezahlt.

2.2 Zinseszinsen und exponentielles Wachstum

Seite 39

Übungsaufgaben

1

a $K_3 = 8425\ € \cdot 1{,}017^3 = 8862{,}02\ €$: Nach drei Jahren beträgt das Kapital 8862,02 €.

b $K = \frac{2081{,}87\ €}{1{,}021^7} = 1800\ €$: Herr Luik hatte 1800 € angelegt.

c $K_{12} = 115\,000\ € \cdot 1{,}015^{12} = 137\,496{,}09\ €$: Nach zwölf Jahren beträgt das Kapital 137 496,09 €.

2 Term ③ beschreibt die Situation richtig. Der Zinsfaktor beträgt 1,0225 und wird 6-mal angewendet.

3 $K_n = K_0 \cdot q^n$; also $K_0 = \frac{1434{,}36\ €}{1{,}018^{10}} = 1200\ €$: Frau Lehmann hat 1200 € angelegt.

4 $q = \sqrt[15]{\frac{21\,724{,}47}{15\,000}} = 1{,}025$: Der Zinssatz betrug 2,5 %.

5 $50\,000\ € \cdot 1{,}012^8 = 55\,006{,}51\ €$: Frau Pohl muss ihr Geld acht Jahre lang anlegen.

6 Kapital am Ende der Laufzeit: ① $K_{10} = 22\,500\ € \cdot 1{,}022^{10} = 27\,969{,}94\ €$:
② $K_8 = 22\,500\ € \cdot 1{,}026^8 = 27\,628{,}76\ €$:

Vertrag ② ist günstiger, da hier nach acht Jahren bereits ein Betrag erreicht wird, der nur um 341,18 € niedriger ist als der Betrag bei Vertrag ① nach zehn Jahren. Auch wenn die Zinsen bis dahin stark gefallen sein sollten, müsste man in den verbleibenden zwei Jahren den Differenzbetrag erwirtschaften können.

7

a Nach 9 Jahren: $q = \sqrt[9]{\frac{6081{,}74}{5000}} = 1{,}022$; nach 15 Jahren: $q = \sqrt[15]{\frac{6930}{5000}} = 1{,}022$: Der Zinssatz betrug 2,2 %.

b $q_{ges} = \frac{6930}{5000} = 1{,}386$: Insgesamt hat sich das Kapital in 15 Jahren um 38,6 % erhöht.

8

a ① $K_1 = 12\,000\ € \cdot 1{,}026 = 12\,312\ €$
$K_2 = 12\,000\ € \cdot 1{,}026^2 = 12\,632{,}11\ €$
$K_3 = 12\,000\ € \cdot 1{,}026^3 = 12\,960{,}55\ €$
$K_4 = 12\,000\ € \cdot 1{,}026^4 = 13\,297{,}52\ €$
② $K_1 = 12\,000\ € \cdot 1{,}023 = 12\,276\ €$
$K_2 = 12\,000\ € \cdot 1{,}023 \cdot 1{,}03 = 12\,644{,}28\ €$
$K_3 = 12\,000\ € \cdot 1{,}023 \cdot 1{,}03^2 = 13\,023{,}61\ €$
$K_4 = 12\,000\ € \cdot 1{,}023 \cdot 1{,}03^3 = 13\,414{,}32\ €$

Angebot ② ergibt nach vier Jahren das höhere Kapital. Herr Mack sollte sich also hierfür entscheiden.

b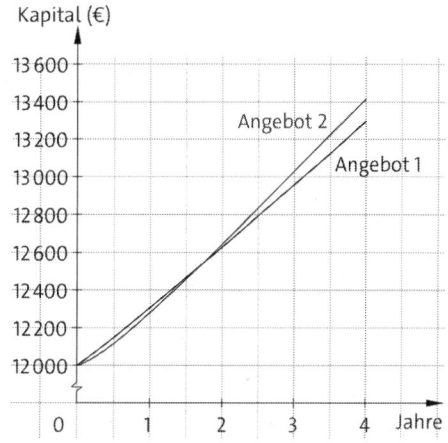

c $q = \sqrt[4]{\frac{13\,414{,}32}{12\,000}} = 1{,}0282$: Ein gleichbleibender Zinssatz von 2,82 % ergibt das gleiche Endkapital.

Seite 40

Allgemeine exponentielle Wachstumsprozesse

9

a G = 17,9 Millionen; q = 1,0302
W_{20} = 17,9 Millionen · $1,0302^{20}$ ≈ 32,46 Millionen
Bei diesem Bevölkerungswachstum hat Mali in 20 Jahren 32,46 Millionen Einwohner.

b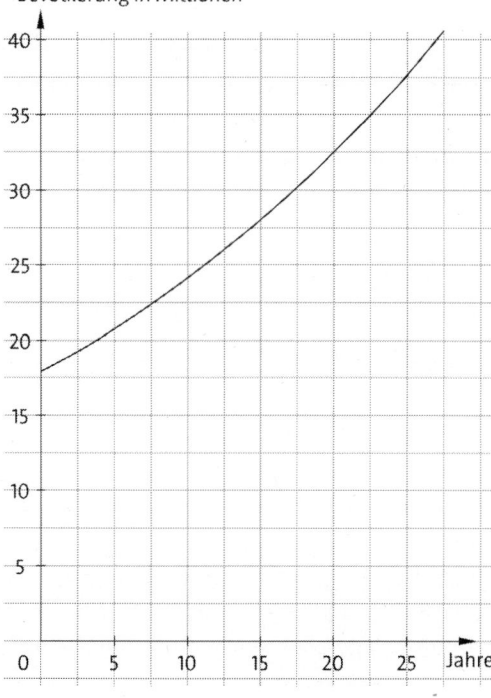

10

a W_{10} = 0,95 € · $1,018^{10}$ ≈ 1,14 €
Mit diesem Modell steigt der Milchpreis in zehn Jahren auf 1,14 € pro Liter.

b $q_{ges} = \frac{1,14}{0,95}$ = 1,2: Die Aussage stimmt nicht, der Milchpreis steigt in den nächsten 10 Jahren um 20 %.

11 In drei Stunden ist die Anzahl der Bakterien von 1000 auf 8000 gestiegen.
$q = \sqrt[3]{\frac{8000}{1000}}$ = 2: Der Wachstumsfaktor beträgt 2.

12

a W_1 = 0,5 cm² · $1,08^1$ = 0,54 cm²: Nach einer Stunde sind 0,54 cm² bedeckt.

b W_{24} = 0,5 cm² · $1,08^{24}$ ≈ 3,17 cm²
$q_{ges} = \frac{3,17}{0,5}$ = 6,34: Die Fläche ist in 24 Stunden um 534 % gewachsen.

13

a $q = \sqrt[10]{\frac{2266,13}{10}}$ ≈ 1,72: Der Wachstumsfaktor beträgt 1,72 oder 72 %.

b Ab der 15. Woche beträgt der Wachstumsfaktor nur noch 54 % oder 1,54.
W_{20} = 10 m² · $1,72^{15}$ · $1,54^5$ ≈ 295 481,51 m²
Nach 20 Wochen sind jetzt 295 481,51 m² bedeckt.

2.2 Zinseszinsen und exponentielles Wachstum

Seite 41

Exponentielle Abnahme

14
a q = 0,9
b $W_8 = 5000 \cdot 0{,}9^8 = 2152$: Nach acht Stunden sind es 2152 Bakterien.
c $W_{12} = 5000 \cdot 0{,}9^{12} = 1412$: Nach zwölf Stunden sind es 1412 Bakterien.
   $W_{20} = 5000 \cdot 0{,}9^{20} = 608$: Nach 20 Stunden sind es 608 Bakterien.
d Anzahl der Bakterien

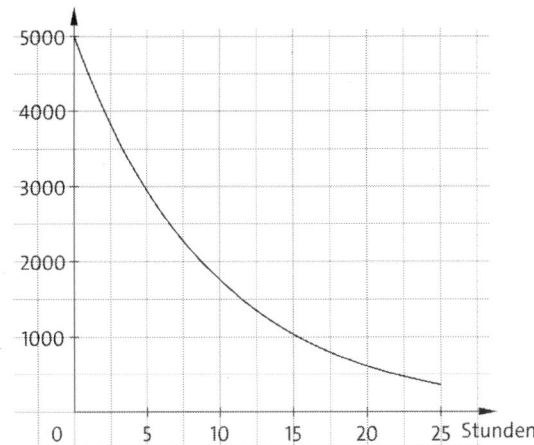

15 A – ①; B – ③; C – ④; D – ②

16
a $G = \dfrac{W}{q^n}$; also $G = \dfrac{58°}{0{,}84^3} = 97{,}9\ °$: Der Kakao war beim Einfüllen 97,9° heiß.
b $97{,}9° \cdot 0{,}84^6 = 34{,}4°$; $97{,}9° \cdot 0{,}84^7 = 28{,}9°$
   Nach knapp sieben Stunden hat der Kakao eine Temperatur von unter 30°.

17 16 Tage sind zwei Perioden von acht Tagen:
$W_{16} = 600\ g \cdot 0{,}5^2 = 150\ g$
24 Tage sind drei Perioden von acht Tagen:
$W_{24} = 600\ g \cdot 0{,}5^3 = 75\ g$
32 Tage sind vier Perioden von acht Tagen:
$W_{32} = 600\ g \cdot 0{,}5^4 = 37{,}5\ g$

Seite 42

18
a $p = 1013\ hPa \cdot 0{,}87^h$; h: Höhe in 1000 Metern, p: Luftdruck in h Metern Höhe
b $p(3800) = 1013\ hPa \cdot 0{,}87^{3,8} = 596{,}74\ hPa$

2 Sachrechnen

1 *(Fortsetzung)*

c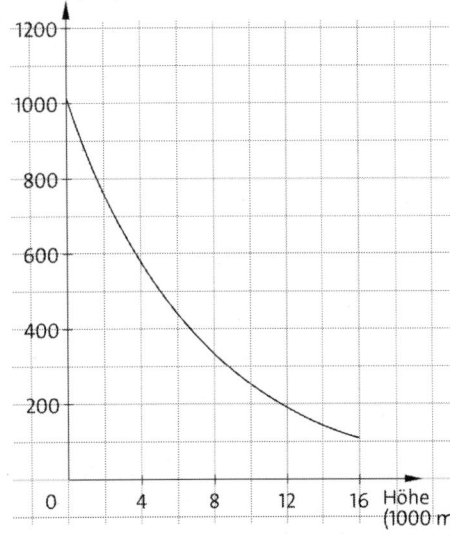

d Bei einer Höhe von ca. 11 700 m sinkt der Luftdruck unter 200 hPa.

19

a

	Europa	Afrika
Bevölkerung 2018	746 Mio.	1248 Mio.
Bevölkerung 2019	745,2 Mio.	1280 Mio.
Bevölkerung 2020	744,5 Mio.	1314 Mio.
Bevölkerung 2021	743,8 Mio.	1348 Mio.
Bevölkerung 2022	743,0 Mio.	1383 Mio.
Bevölkerung 2023	742,3 Mio.	1419 Mio.
Bevölkerung 2024	741,5 Mio.	1456 Mio.
Bevölkerung 2025	740,8 Mio.	1494 Mio.
Bevölkerung 2026	740,1 Mio.	1532 Mio.
Bevölkerung 2027	739,3 Mio.	1572 Mio.
Bevölkerung 2028	738,6 Mio.	1613 Mio.

b Gesamte Weltbevölkerung 2018: 7585 Mio.; gesamte Weltbevölkerung 2019: 7670 Mio.
   $q = \frac{7670}{7585} = 1{,}011$: Die Weltbevölkerung stieg zwischen 2018 bis 2019 um 1,1 %.

c Gesamte Weltbevölkerung 2030 (also 12 Jahre nach 2018) nach diesem Modell: 8711 Mio.

20

a

Tage	0	1	2	3	4	5	6	7
Anzahl Pantoffeltierchen	100	170	289	491	835	1420	2414	4103

Funktionsgleichung: $A = 100 \cdot 1{,}7^x$

20 (Fortsetzung)

b 500 Pantoffeltierchen werden nach etwas über 3 Tagen erreicht.

c Vom 8. bis zum 10. Tag sind es drei Tage. $A_3 = 4103 \cdot 0{,}45^3 = 374$: Am 10. Tag sind es 374 Tierchen.

d $4103 \cdot 0{,}45^4 = 168$; $4103 \cdot 0{,}45^5 = 76$
Ein Bestand von 100 Pantoffeltierchen wird wieder zwischen dem 4. und 5. Tag nach Beginn der Störung erreicht, also zwischen dem 11. und 12. Tag des Experiments.

21

a Lea nimmt bei ihrer Schlussfolgerung an, dass die Bakterienzahl linear abnimmt. Das ist bei der Entwicklung von Bakterienkulturen aber in der Regel nicht der Fall, sondern die Zunahme oder Abnahme erfolgt exponentiell.

b Ansatz 1: $q = 1{,}2$; $A_{12} = 1000 \cdot 1{,}2^{12} = 8916$
Ansatz 2: $q = 0{,}95$; $A_{12} = 1000 \cdot 0{,}95^{12} = 540$

c Der Ansatz steht 24 Stunden in der Wärme und dann 6 Stunden in der Kälte:
$A_{30} = 1000 \cdot 1{,}2^{24} \cdot 0{,}95^6 = 58\,437$
Nach 30 Stunden gibt es unter diesen Bedingungen etwa 58 500 Bakterien.

2.3 Grafische Darstellungsformen

Seite 43

1

a

Schießfehler	0	1	2	3	4	5	6	7	8	9	10	11	12
Anzahl Athleten	0	2	6	17	21	16	14	5	8	5	6	2	3

b Kerstin könne so vorgehen:

1. Minimum, Maximum, Spannweite w, Datenumfang n bestimmen:
min $= 1$; max $= 12$; w $= 11$; n $= 105$

2. Rangplätze des Zentralwerts z und der Quartile q_u und q_o bestimmen: z befindet sich in der Mitte, also in einer geordneten Liste beim Athleten mit der Rangnummer: $p(z) = \frac{105+1}{2} = 53 \rightarrow z = 5$.

Man addiert nun von unten die Anzahl der Athleten, der 53. Athlet hat 5 Schießfehler gemacht: $z = 5$.

2 Sachrechnen

1 *(Fortsetzung)*
Ähnlich bestimmt man den Rangplatz des unteren und oberen Quartils:

$p(q_u) = \frac{1+53}{2} = 27 \rightarrow q_u = 4$ $\qquad$ $p(q_o) = \frac{53+105}{2} = 79 \rightarrow q_o = 7$

Damit kann man den Boxplot zeichnen:

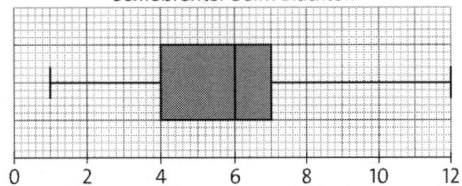

Seite 44

Übungsaufgaben

1
Minimum = 1; q_u = 1,5; z = 3,5; q_o = 5; Maximum = 8
Spannweite: 7; Quartilsabstand: 3,5; Länge der unteren Antenne: 0,5; Länge der oberen Antenne: 3

2
a Ein Kreisdiagramm stellt Anteile an einer Gesamtmenge dar, z. B. die Anteile einer Menge von befragten Personen, die eine bestimmte Antwort gegeben haben. Temperaturen sind keine Anteile. Eine höhere Temperatur bedeutet keinen größeren Anteil an einer Grundmenge. Mit dieser Darstellungsform kann man den Temperaturverlauf über das Jahr nicht ablesen.
b Ein Boxplot gibt zwar an, in welchem Bereich sich die Temperatur bewegt. Den Temperaturverlauf über das Jahr kann man aber auch darin nicht ablesen.
c Ein geeignetes Diagramm zur Darstellung dieser Daten ist ein Säulendiagramm. Ein Balkendiagramm oder ein Punktdiagramm wäre ebenfalls geeignet.

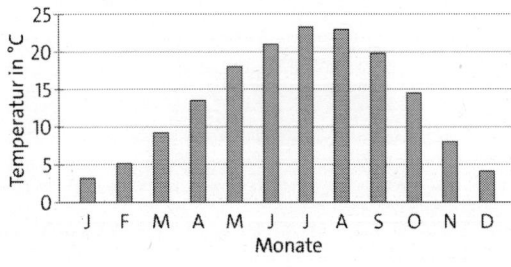

3
a

Alter	27	28	31	33	35	39	41	42	43	46	47	48	51	52	54	55	62
Anzahl	1	2	1	1	2	1	1	2	1	1	1	1	1	2	1	1	1

Rangliste:
27; 28; 28; 31; 33; 35; 35; 39; 41; 42; 42; 43; 46; 47; 48; 51; 52; 52; 54; 55; 62
Anzahl der Werte: 21 Minimum = 27; Maximum = 62; $p(z) = \frac{21+1}{2} = 11 \rightarrow z = 42$ Jahre
$p(q_u) = \frac{11+1}{2} = 6 \rightarrow q_u = 35$ Jahre; $p(q_o) = \frac{11+21}{2} = 16 \rightarrow q_o = 51$ Jahre

3 *(Fortsetzung)*

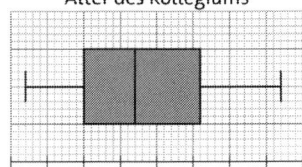

b Sina: Mindestens ein Viertel der Lehrer sind über 50. Ob das viele sind, ist Interpretation. Die Hälfte der Lehrer ist jünger als 42, insgesamt erscheint die Behauptung deswegen zumindest übertrieben.
Leni: Diese Aussage ist falsch, denn nur ein Viertel der Lehrer ist höchstens 35.
Ramon: Die Hälfte der Lehrer ist zwischen 35 und 51, die Mitte (Zentralwert) liegt bei 42. Die Aussage stimmt in etwa.

4

a Strichliste

Tore pro Spiel	23	24	25	26	27	28	29	30	31	32	33	34	35	36	37	38
Anzahl	I					I		I	II	I	II	III	I	II	II	I

Säulendiagramm:

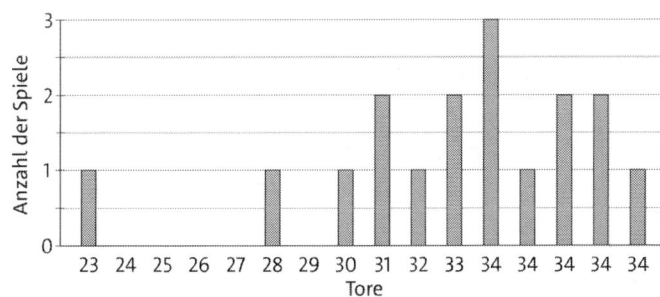

b Rangliste:
23; 28, 30, 31, 31, 32, 33, 33, 34, 34, 34, 35, 36, 36, 37, 37, 38
Anzahl der Werte: 17; Minimum = 23;
Maximum = 38; $p(z) = \frac{17+1}{2} = 9 \rightarrow z = 34$ Tore
$p(q_u) = \frac{9+1}{2} = 5 \rightarrow q_u = 31$ Tore
$p(q_o) = \frac{9+17}{2} = 13 \rightarrow q_o = 36$ Tore

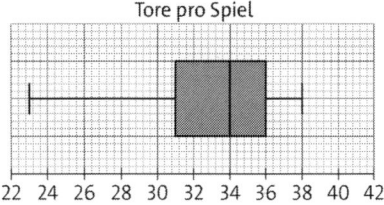

5

a

Verspätung	0	1	2	3	4	6	7	9	12
Anzahl	2	3	4	3	3	2	1	1	1

Rangliste: 0; 0; 1; 1; 1; 2; 2; 2; 2; 3; 3; 3; 4; 4; 4; 6; 6; 7; 9; 12
Zentralwert: z = 3. Dieser Zentralwert ist im Boxplot ② eingezeichnet, dieser ist also richtig.

b Insgesamt gibt es 20 Beobachtungen.
A: Die S-Bahn kommt in 11 von 20 Fällen 3 min oder mehr zu spät, also in etwas mehr als der Hälfte. Die Aussage ist richtig.

2 Sachrechnen

5 *(Fortsetzung)*
B: In 25 % der Fälle ist die Bahn höchstens 2 min zu spät. Wenn man auch 2 Minuten noch als „nahezu pünktlich" gelten lässt, ist die Aussage richtig.
C: Die Bahn ist in 25 % mehr als 5 min zu spät, das ist nicht die Ausnahme. Die Aussage ist falsch.

Seite 45

6
a

übersprungene Höhe in m	4,15	4,30	4,45	4,55	4,60	4,70	4,80	4,85
Anzahl	6	5	7	9	4	2	2	2

Rangliste: 4,15; 4,15; 4,15; 4,15; 4,15; 4,15; 4,30; 4,30; 4,30; 4,30; 4,30; 4,45; 4,45; 4,45; 4,45; 4,45; 4,45; 4,45; 4,55; 4,55; 4,55; 4,55; 4,55; 4,55; 4,55; 4,55; 4,55; 4,60; 4,60; 4,60; 4,60; 4,70; 4,70; 4,80; 4,80; 4,85; 4,85
Anzahl: 37; Minimum = 4,15; Maximum = 4,85; z = 4,55; q_u = 4,30; q_o = 4,60
Boxplot ① ist korrekt.

b Die Tabelle sähe dann so aus:

übersprungene Höhe in m	4,15	4,30	4,40	4,45	4,55	4,60	4,70	4,80	4,85
Anzahl	6	3	2	7	9	4	2	2	2

Rangliste: 4,15; 4,15; 4,15; 4,15; 4,15; 4,15; 4,30; 4,30; 4,30; 4,40; 4,40; 4,45; 4,45; 4,45; 4,45; 4,45; 4,45; 4,45; 4,55; 4,55; 4,55; 4,55; 4,55; 4,55; 4,55; 4,55; 4,55; 4,60; 4,60; 4,60; 4,60; 4,70; 4,70; 4,80; 4,80; 4,85; 4,85
Anzahl: 37; Minimum = 4,15; Maximum = 4,85; z = 4,55; q_u = 4,40; q_o = 4,60
Das untere Quartil würde sich verschieben und läge nun bei 4,4. Die Werte in der Box liegen dann nur noch zwischen 4,4 und 4,6.

7
a Boxplot ① beschreibt das Jahr 2017, Boxplot ② das Jahr 2016
Das sieht man, wenn man sich die Ranglisten und Werte ansieht:
2015:
Rangliste: 13, 18, 29, 33, 33, 38, 39, 40, 46, 47, 52, 60
Minimum = 13; Maximum = 60; z = 38,5; q_u = 31; q_o = 46,5
2016:
Rangliste: 11, 15, 28, 36, 39, 41, 42, 45, 51, 52, 56, 57
Minimum = 11; Maximum = 57; z = 41,5; q_u = 32; q_o = 51,5
2017:
Rangliste: 11, 26, 29, 31, 33, 41, 43, 46, 50, 52, 55, 57,
Minimum = 11; Maximum = 57; z = 42; q_u = 30; q_o = 51

b

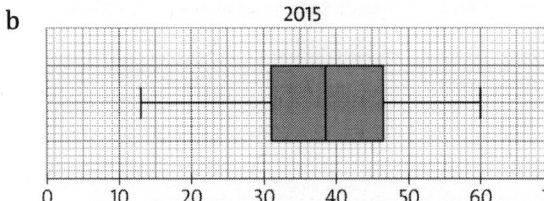

c 2015 und 2017 waren die meisten Übernachtungen in diesem Zeitraum im Juni, 2016 im Mai. 2016 gab es außerdem mehr Übernachtungen im März als 2015 und 2017. Das könnte daran liegen, dass Ostern und Pfingsten und damit auch die entsprechenden Ferien 2016 früher lagen.

2.3 Grafische Darstellungsformen

8

a

Note	1	1–2	2	2–3	3	3–4	4	4–5	5	6
Anzahl	1	1	4	3	3	2	5	1	3	2

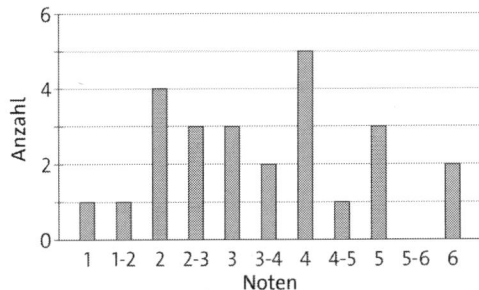

b Für den Boxplot werden die Zwischennoten (z. B. 2–3) als Dezimalzahl angesehen (z. B. 2,5). Rangliste. 1; 1,5; 2; 2; 2; 2; 2,5; 2,5; 2,5; 3; 3; 3; 3,5; 3,5; 4; 4; 4; 4; 4; 4,5; 5; 5; 5; 6; 6

c Anzahl: 25; Minimum = 1; Maximum = 6; z: 3,5; q_u = 2,5; q_o = 4

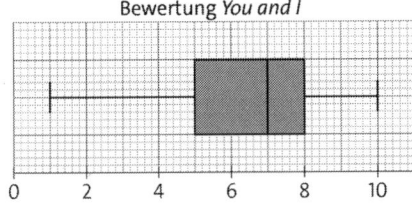

d Vorteile Kreisdiagramm: Man erkennt gut, wie groß der Anteil einer Note in der Klasse ist.
Vorteil Säulendiagramm: Man erkennt gut, wie sich die Noten in der Klasse verteilen, welche häufig und welche gar nicht vertreten sind.
Vorteil Boxplot: Man erkennt gut, welche Note der Zentralwert ist und wie stark die Noten um den Zentralwert schwanken. Man kann damit gut erkennen, ob die Leistungen in der Klasse nahe beieinander liegen oder sich stark unterscheiden.

9

a

Punkte	1	2	3	4	5	6	7	8	9	10
Anzahl	3	5	16	10	20	40	50	45	9	3

Anzahl: 201; Minimum = 1; Maximum = 10; z = 7; q_u = 5; q_o = 8

b Svea: Der Zentralwert liegt beim Rangplatz 101. Wenn sieben Bewerter 6 statt 7 Punkte gegeben hätten, also insgesamt 47 sich für 6 und 43 sich für 7 Punkte entschieden hätten, dann läge der 101. Rangplatz noch bei 6 Punkten. Svea hat Recht.
Leo: Damit Leo Recht hat, muss sich q_u von 5 auf 6 Punkte verschieben. Das untere Quartil liegt beim Rangplatz 51. Wenn nun vier Personen 6 statt 5 Punkte geben, geben insgesamt 16 Personen 5 Punkte. Damit liegt der Rangplatz 51 bei 6 Punkten und Leo hat Recht.

2 Sachrechnen

2.4 Daten auswerten

Seite 46

1

a $\frac{19{,}41}{20{,}76} = 0{,}935$

Der Aktienkurs betrug Ende 2014 noch 93,5 % des Wertes von Ende 2013, ist also um 6,5 % gefallen.

b $\frac{24{,}17}{20{,}76} = 1{,}164$

Der Aktienkurs ist in dieser Zeit insgesamt um 16,4 % gestiegen.

c Zwischen 2013 und 2018 liegen 5 Jahre. Mit einem Zinsfaktor x gilt:
$24{,}17 = 20{,}76 \cdot x^5$, also $x = \sqrt[5]{1{,}164} = 1{,}031$
Der gleiche Wertzuwachs hätte sich bei einem Zinssatz von 3,1 % ergeben.

2

a weitere Vorteile Säulendiagramm: Man kann den Unterschied der Zuschauerzahlen in den beiden Jahren gut erkennen, man kann einzelne Werte gut ablesen.
weitere Vorteile Boxplot: Man erkennt gut, wie stark die Zuschauerzahlen schwanken, die Spannweiten können gut abgelesen werden.

b Im Säulendiagramm kann man gut erkennen, wie viele Zuschauer an einem bestimmten Spieltag in den beiden Spielzeiten gekommen sind. Dieser Vergleich ist aber nicht sehr aussagekräftig, da die Anzahl der Zuschauer nicht so sehr von der Nummer des Spieltages abhängt, sondern mehr von der Attraktivität des Gegners.

c Die Kennwerte können aus Boxplots gut abgelesen werden. Sie sind aussagekräftig, da sowohl die wenigsten und die meisten Zuschauer von Interesse sind als auch die Frage, wie weit die Zuschauerzahlen um den Zentralwert schwanken.

Seite 47

Übungsaufgaben

1

① Die Aussage ist falsch. Zwar ist der Anteil der Urlauber in Deutschland am größten, er ist aber nicht größer als der aller anderen Länder zusammen. Fast zwei Drittel der Deutschen machen im Ausland Urlaub.

② $\frac{0{,}09}{0{,}343} = 0{,}264$: Die Aussage ist richtig.

③ Das Doppelte von 7,7 % wäre 15,4 %, die Aussage ist also falsch.

④ $\frac{0{,}039}{0{,}657} = 0{,}059$: Die Aussage ist richtig.

2.4 Daten auswerten

2

a Verbrauch USA: 300 l; Verbrauch Deutschland: 120 l; $\frac{300\,l}{120\,l} = 2{,}5$

In den USA wird 2,5-mal so viel Wasser pro Person verbraucht, also 150 % mehr.
Weitere Länder im Vergleich zu Deutschland:
Norwegen: 2,167-mal so viel, 216,8 % des Verbrauchs in Deutschland oder 116,7 % mehr
Brasilien: 1,833-mal so viel, 183,3 % des Verbrauchs in Deutschland oder 83,3 % mehr
Afrika: 0,167-mal so viel, 16,7 % des Verbrauchs in Deutschland oder 83,3 % weniger
VAE: 3,167-mal so viel, 316,7 % des Verbrauchs in Deutschland oder 216,7 % mehr
Indien: 0,208-mal so viel, 20,8 % des Verbrauchs in Deutschland oder 79,2 % weniger
Russland: 2,25-mal so viel, 225 % des Verbrauchs in Deutschland oder 125 % mehr
Japan: 2,333-mal so viel, 233,3 % des Verbrauchs in Deutschland oder 133,3 % mehr
China: 0,7083-mal so viel, 70,83 % des Verbrauchs in Deutschland oder 29,17 % weniger
Australien: 1,83-mal so viel, 183,3 % des Verbrauchs in Deutschland oder 83,3 % mehr

b Landesdurchschnitt: 220 l; 360 % über dem Durchschnitt bedeutet 4,6-mal so viel, 220 l · 4,6 = 1012 l Der Wasserverbrauch in Rio de Janeiro liegt bei etwa 1012 l pro Person.

c Wasserverbrauch Deutschland 1990: $\frac{120\,l}{0{,}816} = 147\,l$

Wasserverbrauch China 1990: $\frac{85\,l}{1{,}05} = 81\,l$

$\frac{81}{147} = 0{,}551$

1990 lag der Wasserverbrauch in China pro Person bei etwa 55,1 % des Wertes in Deutschland.

Seite 48

3

a individuelle Lösungen, z. B. Kochen, Trinken, Gartenbewässerung, Gießen von Zimmerpflanzen, Bügeln, Raumbefeuchter

b 120 l · 0,27 = 32,4 l: Für die Toilettenspülung werden durchschnittlich 32,4 l pro Tag verbraucht.

c Geeignet ist ein Kreisdiagramm:

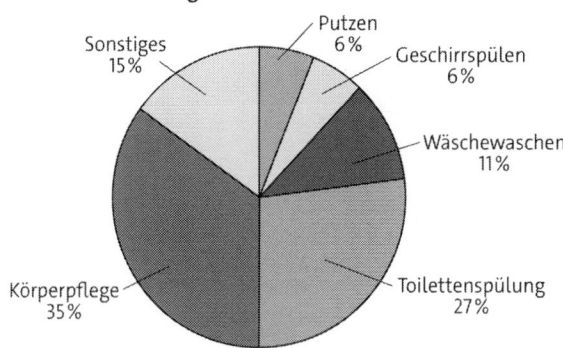

d Wasserverbrauch Körperpflege 2018: 120 l · 0,35 = 42 l

$\frac{42}{51{,}5} = 0{,}8155$: Der Wasserverbrauch für Körperpflege ist von 1990 bis 2018 auf 81,55 %, also um 18,45 % gefallen.

4

a Mike: 1,05 m; Jan: 1,5 m
b Marc und Nils: 1,35 m
c Sandro: 1,25 m
d Beide 1,15 m oder einer 1,10 und einer 1,20 m

5

a

Jahr	1995	2000	2005	2010	2015
Veränderung zum Jahr fünf Jahre davor	−16,94 %	−10,3 %	−36,45 %	−33,16 %	−5,18 %

Die Anzahl der Verkehrstoten nimmt in jedem Jahr ab, Nach den starken Rückgängen zwischen 2000 und 2010 ist der Rückgang zwischen 2015 und 2010 allerdings nicht mehr so stark.

b 2020: 3280 Verkehrstote; 2025: 3110 Verkehrstote

c $\frac{3459}{11\,526}$ = 30: Die Anzahl der Verkehrstoten ist von 1990 bis 2015 auf 30 %, also um 70 % zurückgegangen. Ursachen sind vor allem bessere Sicherheitsausstattungen der Autos, eine niedrigere Promillegrenze und die immer besser durchgesetzte Anschnallpflicht.

6

a Höchster Goldpreis: 1270 € im Jahre 2013; niedrigster Goldpreis: 481 € im Jahr 2007.
Zwischen 2007 und 2013 ist der Goldpreis um 789 € oder 64 % gestiegen.

b Der Goldpreis stieg von 2007 bis 2019 auf 232,85 %, also um 132,85 %.

c Ausgaben Frau Fuchs: 1728 €; Einnahmen Frau Fuchs: 3810 €
Frau Fuchs hat 2082 € oder 120,5 % Gewinn gemacht,
Ausgaben Herr Lamm: 2331 €, Einnahmen Herr Lamm: 2934 €
Herr Lamm hat 603 € oder 25,87 % Gewinn gemacht.

d Eine Unze Gold war zu Beginn des Jahres 2014 393 € weniger wert als zu Beginn 2013. Das waren etwa 30,94 % weniger als ein Jahr zuvor.

7

a Amphibienarten: $\frac{2068}{6534}$ = 0,3165
31,65 % der Amphibienarten sind vom Aussterben bedroht.
Vogelarten: $\frac{1460}{11\,121}$ = 0,1313
13,13 % der Vogelarten sind vom Aussterben bedroht.
Säugetierarten: $\frac{1194}{5567}$ = 0,2145
21,45 % der Säugetierarten sind vom Aussterben bedroht.

b $\frac{2068+1460+1194}{6534+11\,121+5567}$ = 0,2033
Insgesamt sind 20,33 % der angegebenen Arten vom Aussterben bedroht.

c

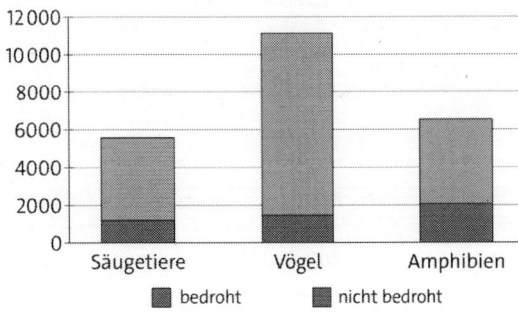

3 Wahrscheinlichkeit

3.1 Kombinatorische Überlegungen

Seite 56

1 Mögliche Kombinationen:
Anton – Bert; Anton – Celia; Anton – Doreen; Bert – Celia; Bert – Doreen und Celia – Doreen

2
a Wenn jede Ziffer nur einmal vorkommt, gibt es sechs Kombinationen: 345; 354; 435; 453; 543; 534
b Wenn jede Ziffer beliebig oft vorkommen darf, gibt es 27 Kombinationen:
333; 334; 343; 433; 335; 353; 533; 444; 443; 434; 344; 445; 454; 455; 555; 554; 545; 455; 553; 535; 355; 345; 354; 435; 534; 453; 543

Seite 57

Übungsaufgaben

1
a Baumdiagramm: Es gibt sechs mögliche Kombinationen.

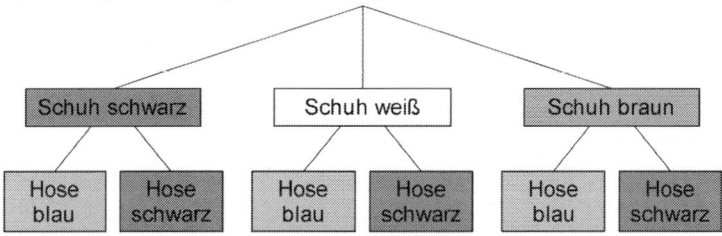

b Tabelle: Es gibt neun mögliche Kombinationen.

		Sporthosen (H)		
		schwarz	weiß	grau
Sport-shirts (S)	blau	H schwarz – S blau	H weiß – S blau	H grau – S blau
	rot	H schwarz – S rot	H weiß–S rot	H grau – S rot
	weiß	H schwarz – S weiß	H weiß–S weiß	H grau – S weiß

c systematische Auflistung: Es gibt zwölf mögliche Kombinationen.

Cap schwarz + Shirt weiß   Cap rot + Shirt weiß   Cap schwarz + Shirt rot
Cap rot + Shirt rot   Cap schwarz + Shirt blau   Cap rot + Shirt blau
Cap weiß + Shirt weiß   Cap blau + Shirt weiß   Cap weiß + Shirt rot
Cap blau + Shirt rot   Cap weiß + Shirt blau   Cap blau + Shirt blau

2 Linas Kombinationsmöglichkeiten:

Vanille + Vanille   Schokolade + Vanille   Himbeere + Vanille
Vanille + Schokolade   Schokolade + Schokolade   Himbeere + Schokolade
Vanille + Himbeere   Schokolade + Himbeere   Himbeere + Himbeere

3 Wahrscheinlichkeit

3 Es gibt die folgenden 15 Pizza-Kombinationen:

Siciliana groß	Siciliana mittel	Siciliana klein
Caruso groß	Caruso mittel	Caruso klein
Calzone groß	Calzone mittel	Calzone klein
Hawaii groß	Hawaii mittel	Hawaii klein
Romana groß	Romana mittel	Romana klein

4
a 1357; 1375; 1537; 1573; 1735; 1753; 3157; 3175; 3517; 3571; 3715; 3751; 5137; 5173; 5317; 5371; 5713; 5731; 7135; 7153; 7315; 7351; 7513; 7531
b Man erhält diese 24 Möglichkeiten, indem man in der Liste aus **a** z. B. jeweils die letzte Ziffer weglässt.

5
a Der erste Spieler spielt gegen die fünf anderen, der zweite zusätzlich gegen die vier noch verbleibenden usw. So ergeben sich insgesamt 5 + 4 + 3 + 2+ 1 = 15 Partien.
b Bei acht Spielern werden 7 + 6 + 5+ 4 + 3 + 2 + 1 = 28 Spiele gespielt.

6 Maik hat 24 Kombinationsmöglichkeiten:

Cap 1		Shorts			Cap 2		Shorts		
		1	2	3			1	2	3
Shirts	1	Cap 1 Shirt 1 Short 1	Cap 1 Shirt 1 Short 2	Cap 1 Shirt 1 Short 3	Shirts	1	Cap 2 Shirt 1 Short 1	Cap 2 Shirt 1 Short 2	Cap 2 Shirt 1 Short 3
	2	Cap 1 Shirt 2 Short 1	Cap 1 Shirt 2 Short 2	Cap 1 Shirt 2 Short 3		2	Cap 2 Shirt 2 Short 1	Cap 2 Shirt 2 Short 2	Cap 2 Shirt 2 Short 3
	3	Cap 1 Shirt 3 Short 1	Cap 1 Shirt 3 Short 2	Cap 1 Shirt 3 Short 3		3	Cap 2 Shirt 3 Short 1	Cap 2 Shirt 3 Short 2	Cap 2 Shirt 3 Short 3
	4	Cap 1 Shirt 4 Short 1	Cap 1 Shirt 4 Short 2	Cap 1 Shirt 4 Short 3		4	Cap 2 Shirt 4 Short 1	Cap 2 Shirt 4 Short 2	Cap 2 Shirt 4 Short 3

7 Den ersten Platz können fünf verschiedene Reiter belegen, den zweiten dann noch vier und den dritten drei. Insgesamt gibt es also 5 · 4 · 3 = 60 Möglichkeiten, die ersten drei Plätze zu belegen.

8
a WWNN; WNWN; WNNW; NWWN; NWNW; NNWW: Wenn Romeo keinen Umweg gehen möchte, hat er sechs Möglichkeiten.
b WWWNN; WWNWN; WWNNW; WNWNW; WNNWW; WNWWN; NNWWW; NWNWW; NWWNW; NWWWN: Insgesamt hat Maik 10 Möglichkeiten, ohne Umweg zu Klara zu gehen.
c WNNNWW; NWNNWW; NNWNWW; NNNWWW: Hierfür hat Maik vier Möglichkeiten.

9 Pascal könnte folgende Kleiderkombinationen im Schrank haben:

1 Shirt – 12 Hosen;	2 Shirts – 6 Hosen;	3 Shirts – 4 Hosen;
4 Shirts – 3 Hosen;	6 Shirts – 2 Hosen;	12 Shirts – 1 Hose

3.2 Ereignis und Gegenereignis

Seite 58

1

a

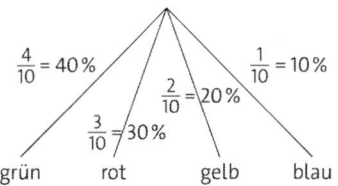

b Es gibt drei rote und eine blaue Kugel, zusammen also vier: P(rote oder blaue Kugel) = $\frac{4}{10}$ = 40 %.

Seite 59

Übungsaufgaben

1

	Ereignis	Gegenereignis	Anzahl günstiger Ergebnisse	Wahrscheinlichkeit des Ereignisses	Wahrscheinlichkeit des Gegenereignisses
	18	nicht 18	1	$\frac{1}{25}$ = 4 %	$\frac{24}{25}$ = 96 %
a	durch 4 teilbar	nicht durch 4 teilbar	6	$\frac{6}{25}$ = 24 %	$\frac{19}{25}$ = 76 %
b	eine Primzahl	keine Primzahl	9	$\frac{9}{25}$ = 36 %	$\frac{16}{25}$ = 64 %
c	> 10	≤ 10	15	$\frac{15}{25}$ = 60 %	$\frac{10}{25}$ = 40 %
d	durch 5 teilbar	nicht durch 5 teilbar	5	$\frac{1}{5}$	$\frac{20}{25}$ = 80 %
e	Endziffer 1	Endziffer nicht 1	22	$\frac{22}{25}$ = 88 %	$\frac{3}{25}$ = 12 %

Die Beschreibungen der Ereignisse in den Teilaufgaben **c** bis **e** sind Beispiellösungen.

2

a

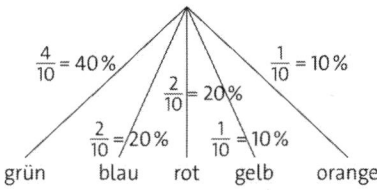

b P(rot oder grün) = $\frac{6}{10}$ = 60 %

P(blau oder orange) = $\frac{3}{10}$ = 30 %

P(nicht gelb) = $\frac{9}{10}$ = 90 %

P(weder rot noch grün) = $\frac{4}{10}$ = 40 %

3 Wahrscheinlichkeit

3
a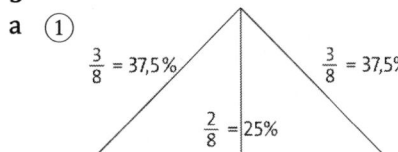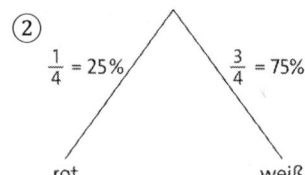

$P(rot) = \frac{3}{8} = 37{,}5\,\%$ $\qquad\qquad\qquad P(rot) = \frac{1}{4} = 25\,\%$

b ① $P(nicht\ rot) = \frac{5}{8} = 62{,}5\,\%$
② $P(nicht\ rot) = \frac{3}{4} = 75\,\%$

c $P(rot) = \frac{4}{12} = 33{,}3\,\%$
$P(grün) = \frac{2}{12} = 16{,}7\,\%$
$P(weiß) = \frac{6}{12} = 50\,\%$

d Vor der Zusammenführung gilt
Gefäß ①: $P(weiß) = \frac{3}{8} = 37{,}5\,\%$; Gefäß ②: $P(weiß) = \frac{3}{4} = 75\,\%$

Die Wahrscheinlichkeit für eine weiße Kugel war in Gefäß ① kleiner und in Gefäß ② größer als nach der Zusammenführung.
Hätte man statt die Behälter zusammenzuführen, abwechselnd aus Behälter und Behälter eine Kugel gezogen, dann hätte die Wahrscheinlichkeit, eine weiße Kugel zu ziehen, durchschnittlich 56,25 % betragen. Vergleicht man den gemeinsamen Behälter damit, so hat die Wahrscheinlichkeit abgenommen.

4 Beispiellösungen:
a Zufallsexperiment: Werfen eines Würfels
Ereignis der roten Pfade: Werfen einer Zahl kleiner oder gleich 3; $P(<4) = \frac{3}{6}$
Ereignis der blauen Pfade (Gegenereignis): Werfen einer Zahl größer oder gleich 4; $P(\geq 4) = \frac{3}{6}$

b Zufallsexperiment: Ziehen einer Kugel aus einem Gefäß mit acht Kugeln, von denen zwei grün, zwei gelb, eine rot und drei blau sind.
Ereignis: Ziehen einer blauen Kugel; $P(blau) = \frac{3}{8}$
Gegenereignis: Ziehen einer Kugel, die nicht blau ist; $P(nicht\ blau) = \frac{5}{8}$

5
a In dem Behälter könnten 5 gelbe und 3 schwarze Kugeln sein, ebenso möglich sind 10 gelbe und 6 schwarze Kugeln, 15 gelbe und 9 schwarze usw.
b Sind im ersten Behälter insgesamt 8 Kugeln (5 gelbe, 3 schwarze), werden sie wie folgt verteilt:
Behälter ①: 2 gelbe, 2 schwarze Kugeln; Behälter ②: 3 gelbe, 1 schwarze
Bei einer festen Anzahl Kugeln im ersten Behälter gibt es nur eine Möglichkeit für die Verteilung. Ansonsten ist eine weitere Möglichkeit:
Behälter ①: 4 gelbe, 4 schwarze Kugeln; Behälter ②: 6 gelbe, 2 schwarze

3.3 Die Produktregel

Seite 60

1

a P(zweimal Zahl) = $\frac{1}{2} \cdot \frac{1}{2} = \frac{1}{4} = 25\,\%$

b P(zweimal Wappen) = $\frac{1}{2} \cdot \frac{1}{2} = \frac{1}{4} = 25\,\%$

c P(einmal Wappen, einmal Zahl) = $\frac{1}{2} \cdot \frac{1}{2} + \frac{1}{2} \cdot \frac{1}{2} = \frac{1}{4} + \frac{1}{4} = \frac{1}{2} = 50\,\%$, wenn die Reihenfolge keine Rolle spielt.

Übungsaufgaben

1

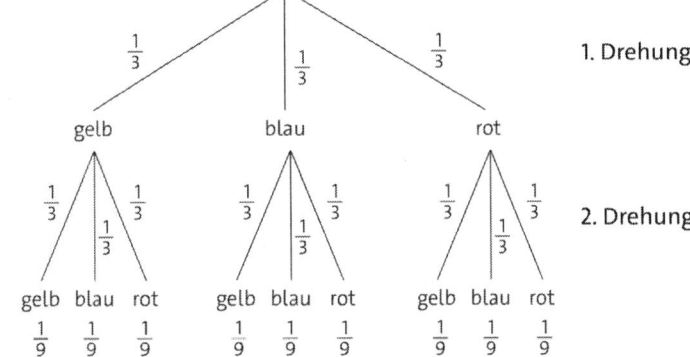

Die Wahrscheinlichkeit, dass eine bestimmte Farbkombination gedreht wird, beträgt für jede Kombination $\frac{1}{9}$.

2

a P(erst orange, dann grün) = $\frac{2}{6} \cdot \frac{3}{6} = \frac{1}{6} = 16{,}67\,\%$ c P(erst blau, dann orange) = $\frac{1}{6} \cdot \frac{2}{6} = \frac{1}{18} = 5{,}56\%$

b P(erst grün, dann blau) = $\frac{3}{6} \cdot \frac{1}{6} = \frac{1}{12} = 8{,}33\,\%$

Seite 61

3

a P(6, 6) = $\frac{1}{6} \cdot \frac{1}{6} = \frac{1}{36} = 2{,}78\,\%$ b P(gerade, gerade) = $\frac{3}{6} \cdot \frac{3}{6} = \frac{9}{36} = \frac{1}{4} = 25\,\%$

c P(< 3, < 3) = $\frac{2}{6} \cdot \frac{2}{6} = \frac{4}{36} = \frac{1}{9} = 11{,}11\,\%$

4

a P(rot, rot) = $\frac{2}{7} \cdot \frac{2}{7} = \frac{4}{49} = 8{,}16\,\%$

b P(erst gelb, dann grün) = $\frac{4}{7} \cdot \frac{1}{7} = \frac{4}{49} = 8{,}16\,\%$; P(erst grün, dann gelb) = $\frac{1}{7} \cdot \frac{4}{7} = \frac{4}{49} = 8{,}16\,\%$
Die Wahrscheinlichkeit ändert sich nicht bei umgekehrter Reihenfolge, da $\frac{4}{7} \cdot \frac{1}{7} = \frac{1}{7} \cdot \frac{4}{7}$.

5 Wenn die erste rote Kugel gezogen ist, befinden sich noch fünf grüne und vier rote Kugel im Behälter: P(rot, rot) = $\frac{5}{10} \cdot \frac{4}{9} = \frac{20}{90} = \frac{2}{9} = 22{,}22\,\%$

6

a $P(\text{gelb, gelb}) = \frac{4}{6} \cdot \frac{3}{5} = \frac{12}{30} = \frac{2}{5} = 40\,\%$

c $P(\text{weiß, gelb}) = \frac{2}{6} \cdot \frac{4}{5} = \frac{8}{30} = \frac{4}{15} = 26{,}67\,\%$

b $P(\text{weiß, weiß}) = \frac{2}{6} \cdot \frac{1}{5} = \frac{2}{30} = \frac{1}{15} = 6{,}67\,\%$

7

a Wahrscheinlichkeit für zweimal die Startnummer 444:
$P(444, 444) = \frac{1}{450} \cdot \frac{1}{520} = \frac{1}{234\,000} = 0{,}00042\,\%$

b Die Wahrscheinlichkeit für Janas Erlebnis ist noch immer höher als die, um Lotto zu gewinnen, und zwar etwa 60-mal so groß.

8

a Im ersten Behälter befinden sich acht grüne und zwei gelbe Kugeln; im zweiten Behälter befinden sich vier grüne und acht gelbe Kugeln.

b $P(\text{grün, grün}) = \frac{4}{5} \cdot \frac{1}{3} = \frac{4}{15} = 26{,}67\,\%$

9 Beispiellösungen:

a (2 schwarz|5 weiß) oder (5 schwarz| 2 weiß)

b (2 schwarz|4 weiß) oder (4 schwarz| 2 weiß)

c (4 schwarz|3 weiß) oder (3 schwarz| 4 weiß)

3.4 Die Summenregel

Seite 62

1

a rot–rot; rot–blau; rot–gelb; blau–blau; blau–gelb; blau–rot; gelb–gelb; gelb–rot; gelb–blau

b Die Wahrscheinlichkeit für jede Kombination beträgt $P = \frac{1}{3} \cdot \frac{1}{3} = \frac{1}{9} = 11{,}11\,\%$.

In fünf von neun Kombinationen kommt mindestens einmal gelb vor.

$P(\text{einmal gelb}) = 5 \cdot \frac{1}{9} = 55{,}56\,\%$.

Das Tierheim hat also eine Gewinnwahrscheinlichkeit von etwas mehr als der Hälfte.

Übungsaufgaben

1

a P(mindestens einmal rot) = P(rot, rot) + P(rot, gelb) + P(rot, blau) + P(gelb, rot) + P(blau, rot)
$= \frac{1}{4} \cdot \frac{1}{4} + \frac{1}{4} \cdot \frac{1}{4} + \frac{1}{4} \cdot \frac{2}{4} + \frac{1}{4} \cdot \frac{1}{4} + \frac{2}{4} \cdot \frac{1}{4} = \frac{7}{16} = 43{,}75\,\%$

b P(rot und gelb) = P(rot, gelb) + P(gelb, rot) = $\frac{1}{4} \cdot \frac{1}{4} + \frac{1}{4} \cdot \frac{1}{4} = \frac{2}{16} = 12{,}5\,\%$

c P(nicht blau) = P(gelb, gelb) + P(gelb, rot) + P(rot, gelb) + P(rot, rot) = $4 \cdot \frac{1}{4} \cdot \frac{1}{4} = \frac{4}{16} = 25\,\%$

d „höchstens einmal gelb" bedeutet alle Kombinationen außer „zweimal gelb".
$P(\text{höchstens einmal gelb}) = 1 - P(\text{gelb, gelb}) = 1 - \frac{1}{4} \cdot \frac{1}{4} = \frac{15}{16} = 93{,}75\,\%$

3.4 Die Summenregel

Seite 63

2

a P(erst rot, dann nicht rot) = $\frac{3}{16}$ = 18,75 %

b P(kein gelb) = $\frac{9}{16}$ = 56,75 %

c P(erst blau, dann gelb oder grün) = $\frac{2}{16}$ = 12,5 %

d P(mindestens einmal grün) = $\frac{7}{16}$ = 43,75 %

e P(rot und blau) = $\frac{2}{16}$ = 12,5 %

3

a

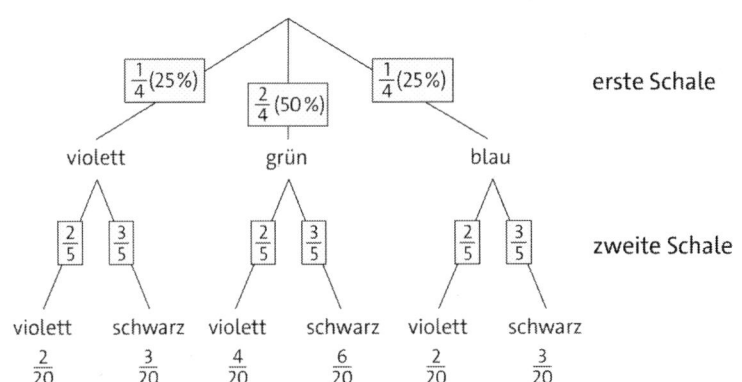

b ① P(violett und schwarz) = $\frac{1}{4} \cdot \frac{3}{5} = \frac{3}{20}$ = 15 % ② P(grün und schwarz) = $\frac{2}{4} \cdot \frac{5}{5} = \frac{6}{20}$ = 30 %

③ P(zweimal violett) = $\frac{1}{4} \cdot \frac{2}{5} = \frac{6}{20}$ = 30 % ④ P(nicht violett) = $\frac{2}{4} \cdot \frac{3}{5} + \frac{1}{4} \cdot \frac{3}{5} = \frac{9}{20}$ = 45 %

4

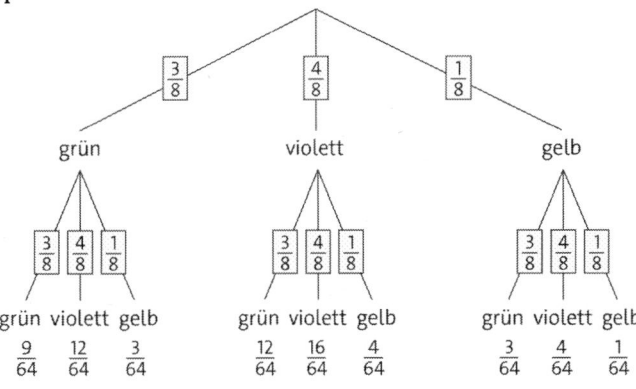

a P(mindestens eine violette Kugel) = $\frac{3}{8} \cdot \frac{4}{8} + \frac{4}{8} \cdot \frac{3}{8} + \frac{4}{8} \cdot \frac{4}{8} + \frac{4}{8} \cdot \frac{1}{8} + \frac{1}{8} \cdot \frac{4}{8} = \frac{48}{64} = \frac{3}{4}$ = 75 %

b P(höchstens eine grüne Kugel) = 1 − P(zwei grüne Kugeln) = 1 − $\frac{3}{8} \cdot \frac{3}{8} = \frac{55}{64}$ = 85,9375 %

c P(zweimal die gleiche Farbe) = $\frac{3}{8} \cdot \frac{3}{8} + \frac{4}{8} \cdot \frac{4}{8} + \frac{1}{8} \cdot \frac{1}{8} = \frac{26}{64} = \frac{13}{32}$ = 40,625 %

d P(genau eine gelbe Kugel) = $\frac{3}{8} \cdot \frac{1}{8} + \frac{4}{8} \cdot \frac{1}{8} + \frac{1}{8} \cdot \frac{3}{8} + \frac{1}{8} \cdot \frac{4}{8} = \frac{14}{64} = \frac{7}{32}$ = 21,875 %

e P(eine grüne und eine gelbe Kugel = $\frac{3}{8} \cdot \frac{1}{8} + \frac{1}{8} \cdot \frac{3}{8} = \frac{6}{64} = \frac{3}{32}$ = 9,375 %

Da mit Zurücklegen gezogen wird, spielt die Reihenfolge keine Rolle.

3 Wahrscheinlichkeit

5

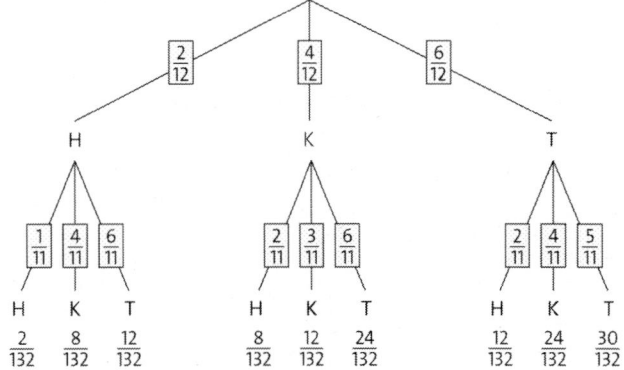

Berechnet wird die Wahrscheinlichkeit, dass Mara einen Hauptpreis und einen Trostpreis zieht.

$P = P(HT) + P(TH) = \frac{2}{12} \cdot \frac{6}{11} + \frac{6}{12} \cdot \frac{2}{11} = \frac{24}{132} = \frac{2}{11} = 18{,}18\,\%$

6

a

Augensumme	1	1	2	2	3	3
1	2	2	3	3	4	4
1	2	2	3	3	4	4
2	3	3	4	4	5	5
2	3	3	4	4	5	5
3	4	4	5	5	6	6
3	4	4	5	5	6	6

$P(\text{Summe } 4) = \frac{12}{36} = \frac{1}{3} = 33{,}33\,\%$

b Die Kreuztabelle ist deutlich übersichtlicher als ein Baumdiagramm.

7

Augensumme	1	2	3	4	5	6
1	2	3	4	5	6	7
2	3	4	5	6	7	8
3	4	5	6	7	8	9
4	5	6	7	8	9	10
5	6	7	8	9	10	11
6	7	8	9	10	11	12

a $P(\text{Summe } 7) = \frac{6}{36} = \frac{1}{6} = 16{,}67\,\%$

b $P(\text{Summe } 5) = \frac{4}{36} = \frac{1}{9} = 11{,}11\,\%$; $P(\text{Summe } 8) = \frac{5}{36} = 13{,}89\,\%$

Die Augensumme 8 ist wahrscheinlicher.

3.4 Die Summenregel

7 *(Fortsetzung)*

c P(Summe <11) = 1 − P(11) − P(12) = $1 - \frac{2}{36} - \frac{1}{36} = \frac{33}{36} = \frac{11}{12}$ = 91,67 %

d individuelle Lösungen. Als Anregung die Kreuztabelle mit den Differenzen der Augendifferenz.

Augen-differenz	1	2	3	4	5	6
1	0	1	2	3	4	5
2	−1	0	1	2	3	4
3	−2	−1	0	1	2	3
4	−3	−2	−1	0	1	2
5	−4	−3	−2	−1	0	1
6	−5	−4	−3	−2	−1	0

Seite 64

8

a E: mindestens eine rote Kugel ziehen; Gegenereignis $\overline{E}$: keine rote Kugel ziehen

$P(E) = \frac{1}{3} \cdot \frac{1}{3} + \frac{1}{3} \cdot \frac{1}{3} + \frac{1}{3} \cdot \frac{1}{3} + \frac{1}{3} \cdot \frac{1}{3} + \frac{1}{3} \cdot \frac{1}{3} = \frac{5}{9}$ = 55,55 %

$P(\overline{E}) = \frac{1}{3} \cdot \frac{1}{3} + \frac{1}{3} \cdot \frac{1}{3} + \frac{1}{3} \cdot \frac{1}{3} + \frac{1}{3} \cdot \frac{1}{3} = \frac{4}{9}$ = 44,44 % = $1 - \frac{5}{9}$ = 1 − P(E)

b E: mindestens eine rote oder weiße Kugel ziehen; Gegenereignis $\overline{E}$: nur schwarze Kugeln ziehen

$P(E) = \frac{1}{3} \cdot \frac{1}{3} + \frac{1}{3} \cdot \frac{1}{3} + \frac{1}{3} \cdot \frac{1}{3} + \frac{1}{3} \cdot \frac{1}{3} + \frac{1}{3} \cdot \frac{1}{3} + \frac{1}{3} \cdot \frac{1}{3} + \frac{1}{3} \cdot \frac{1}{3} + \frac{1}{3} \cdot \frac{1}{3} = \frac{8}{9}$ = 88,89 %

$P(\overline{E}) = \frac{1}{3} \cdot \frac{1}{3} = \frac{1}{9}$ = 11,11 % = $1 - \frac{8}{9}$ = 1 − P(E)

9

a P(zweimal rot) = $\frac{2}{6} \cdot \frac{1}{5} = \frac{2}{30} = \frac{1}{15}$ = 6,67 %

b P(höchstens einmal rot) = 1 − P(zweimal rot) = $1 - \frac{1}{15} = \frac{28}{30} = \frac{14}{15}$ = 93,33 %

c P(rot und gelb) = $\frac{2}{6} \cdot \frac{2}{5} + \frac{2}{6} \cdot \frac{2}{5} = \frac{8}{30} = \frac{4}{15}$ = 26,67 %

d P(genau einmal rot) = $\frac{2}{6} \cdot \frac{4}{5} + \frac{4}{6} \cdot \frac{2}{5} = \frac{16}{30} = \frac{8}{15}$ = 53,33 %

10 Im Eimer befinden sich nun noch acht Bälle, nämlich ein Ball mit dem Buchstaben T, zwei mit I, zwei mit N und drei mit A.

a Tina benötigt noch ein T und ein I: $P = \frac{1}{8} \cdot \frac{2}{7} + \frac{2}{8} \cdot \frac{1}{7} = \frac{4}{56} = \frac{1}{14}$ = 7,143 %

b Tina benötigt noch ein N und ein I: $P = \frac{2}{8} \cdot \frac{2}{7} + \frac{2}{8} \cdot \frac{2}{7} = \frac{8}{56} = \frac{1}{7}$ = 14,286 %

c Tina benötigt noch ein A und ein N: $P = \frac{3}{8} \cdot \frac{2}{7} + \frac{2}{8} \cdot \frac{3}{7} = \frac{12}{56} = \frac{3}{14}$ = 21,429 %

d Tina benötigt noch mindestens ein I, der zweite gezogene Buchstabe ist unwichtig.

$P = \frac{2}{8} \cdot \frac{7}{7} + \frac{6}{8} \cdot \frac{2}{7} = \frac{26}{56} = \frac{13}{28}$ = 46,43 %

11

a Die angegebene Wahrscheinlichkeit ergibt sich bei P(einmal grün, einmal blau) = $\frac{4}{7} \cdot \frac{1}{7} + \frac{1}{7} \cdot \frac{4}{7} = \frac{8}{49}$

Dies gilt bei vier blauen und einem grünen Feld. Das graue Feld muss damit blau gefärbt werden.

b P(gelb, gelb) = $\frac{3}{7} \cdot \frac{3}{7} = \frac{9}{49}$ = 18,37 %

3 Wahrscheinlichkeit

12

a Lukas braucht dazu noch einmal zwei Sechser: $P(6,6) = \frac{1}{6} \cdot \frac{1}{6} = \frac{1}{36} = 2{,}78\,\%$

b Lukas muss mit den letzten beiden Würfeln dazu eine Augensumme von mindestens 10 werfen:
$P(\text{Summe mindestens } 10) = \frac{6}{36} = 8{,}33\,\%$

c Um drei Sechser zu erhalten, muss unter den beiden letzten Würfeln genau ein Sechser sein, also ein Sechser und eine andere Zahl. Die Wahrscheinlichkeit hierfür ist:
$P(\text{eine sechs}) = \frac{1}{6} \cdot \frac{5}{6} + \frac{5}{6} \cdot \frac{1}{6} = \frac{10}{36} = 27{,}78\,\% < 33{,}33\,\%$

Argumentation: Die Wahrscheinlichkeit für „keine Sechs" unter den beiden letzten Würfen beträgt $\frac{25}{36}$ also über $\frac{2}{3}$. Damit kann die Wahrscheinlichkeit für insgesamt drei Sechsen nicht mehr über $\frac{1}{3}$ sein.

Seite 65

13

a

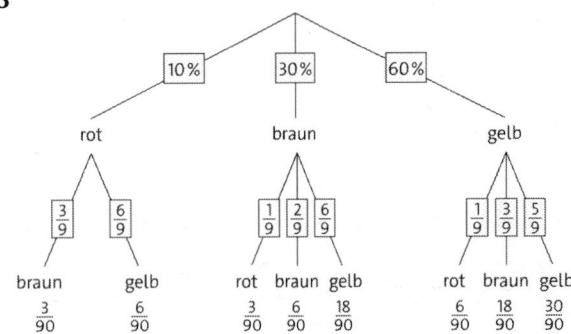

In der Schale waren ursprünglich drei braune, eine rote und sechs gelbe Schokokugeln.

b $P(\text{gelb, gelb}) = \frac{6}{10} \cdot \frac{5}{9} = \frac{30}{90} = \frac{1}{3} = 33{,}3\,\%$

c Beispiele: $P(\text{braun, braun}) = \frac{3}{10} \cdot \frac{2}{9} = \frac{6}{90} = \frac{1}{15}$, $P(\text{braun und rot}) = \frac{3}{10} \cdot \frac{1}{9} + \frac{1}{10} \cdot \frac{3}{9} = \frac{6}{90} = \frac{1}{15}$,
$P(\text{erst rot, dann gelb}) = \frac{1}{10} \cdot \frac{6}{9} = \frac{6}{90} = \frac{1}{15}$

14

a

Augen-summe	1	3	3	4	5	?
1	2	4	4	5	6	
1	2	4	4	5	6	
1	2	4	4	5	6	
3	4	6	6	7	8	
5	6	8	8	9	10	
5	6	8	8	9	10	

Bis jetzt tritt die Augensumme fünf dreimal auf. Damit $P(\text{Augensumme } 5) = \frac{4}{36}$ gilt, muss es diese Augensumme noch einmal geben. Dies erreicht man, wenn auf der leeren Seite eine „2" steht.

3.4 Die Summenregel

14 *(Fortsetzung)*

b Bis jetzt treten die folgenden Zahlenpaare auf:

Zahlenpaar	1–1	1–3	1–4	1–5	3–3	3–4	3–5	4–5	5–5
Anzahl	3	7	3	5	2	1	5	2	2

Wird das leere Fall mit „3" beschriftet, dann gilt für das Zahlenpaar 1–3: $P(1,3) = \frac{10}{36}$.

15

a Um das Wort „MAST" legen zu können, braucht man ein „S" und ein „T", für das Wort „MAUS" ein „U" und ein „S". Man kann insgesamt 20 Kombinationen ziehen. Viermal „ST" und achtmal „US" ergibt sich, wenn zwei Kärtchen mit S", eines mit „T" und zwei mit „U" beschriftet werden. Daraus folgen die angegebenen Wahrscheinlichkeiten.

b Bei den so beschrifteten Kärtchen ist die Wahrscheinlichkeit für „MAUT":
$P(MAUT) = \frac{2}{5} \cdot \frac{1}{4} + \frac{1}{5} \cdot \frac{2}{4} = \frac{4}{20} = \frac{1}{5} = 20\,\%$.

16 Beispiellösungen:

a zwei gleiche Zahlen, z. B. (6|6) **b** Die Augensumme ist 5.

c Die Augensumme ist 7. **d** Die Augensumme ist größer als 8.

17 Beispiellösungen:

a Ein Glücksrad wird zweimal gedreht. Das Glücksrad hat drei Sektoren, einer umfasst die Hälfte des Kreises, einer ein Drittel und einer ein Sechstel.

b In einem Gefäß befinden sich sechs Kugeln, davon sind drei rot, zwei blau und eine grün. Es werden zwei Kugeln ohne zurücklegen gezogen.

18

a Die Gewinnwahrscheinlichkeiten sind:

① $P(\text{gleiche Farbe}) = \frac{1}{4} \cdot \frac{1}{4} + \frac{1}{4} \cdot \frac{1}{4} + \frac{1}{4} \cdot \frac{1}{4} + \frac{1}{4} \cdot \frac{1}{4} = \frac{1}{4} = 25\,\%$

② $P(\text{gleiche Farbe}) = \frac{1}{2} \cdot \frac{1}{2} + \frac{1}{6} \cdot \frac{1}{6} + \frac{1}{6} \cdot \frac{1}{6} + \frac{1}{6} \cdot \frac{1}{6} = \frac{1}{3} = 33{,}33\,\%$

③ $P(\text{gleiche Farbe}) = \frac{1}{2} \cdot \frac{1}{2} + \frac{1}{4} \cdot \frac{1}{4} + \frac{1}{8} \cdot \frac{1}{8} + \frac{1}{8} \cdot \frac{1}{8} = \frac{11}{32} = 34{,}375\,\%$

Andrea hat die größten Gewinnchancen bei Glücksrad ③.

b Die Gewinnwahrscheinlichkeiten sind jetzt:

① $P(\text{rot und blau}) = \frac{1}{4} \cdot \frac{1}{4} + \frac{1}{4} \cdot \frac{1}{4} = \frac{1}{8} = 12{,}5\,\%$ ② $P(\text{rot und blau}) = \frac{1}{2} \cdot \frac{1}{6} + \frac{1}{6} \cdot \frac{1}{2} = \frac{1}{6} = 16{,}67\,\%$

③ $P(\text{rot und blau}) = \frac{1}{2} \cdot \frac{1}{8} + \frac{1}{8} \cdot \frac{1}{2} = \frac{1}{8} = 12{,}5\,\%$

Jetzt sind die Gewinnchancen bei Glücksrad ② am größten.

19 Beispiellösungen:

① In der Schüssel sind 4 rote, 3 grüne und 3 gelbe Kugeln. Gewonnen hat, wer eine rote Kugel zieht. Gewinnwahrscheinlichkeit $P = \frac{4}{10} = 40\,\%$, dieses Spiel mit nur einem Zug ist etwas langweilig.

② In der Schüssel sind 5 rote, 4 grüne und eine gelbe Kugel. Gewonnen hat, wer entweder zwei rote oder zwei grüne Kugeln zieht. Gewinnwahrscheinlichkeit: $P = \frac{5}{10} \cdot \frac{5}{10} + \frac{4}{10} \cdot \frac{4}{10} = \frac{41}{100} = 41\,\%$

③ In der Schüssel sind fünf rote, vier grüne und eine gelbe Kugel. Gewonnen hat, wer zwei gleichfarbige Kugeln zieht. Gewinnwahrscheinlichkeit: $P = \frac{5}{10} \cdot \frac{5}{10} + \frac{4}{10} \cdot \frac{4}{10} + \frac{1}{10} \cdot \frac{1}{10} = \frac{42}{100} = 42\,\%$

3 Wahrscheinlichkeit

3.5 Der Erwartungswert

Seite 66

1
Verkauft der Losverkäufer zehn Lose, so nimmt er 10 € ein. Im Durchschnitt muss er einmal einen Gewinn von 4 € ausgeben, also bleiben ihm 6 €. Pro Los macht das einen durchschnittlichen Gewinn von 0,60 €.

Seite 67

Übungsaufgaben

1

a Losverkäufer: $E(x) = \frac{1}{100} \cdot (-60\ €) + 1\ € = 0{,}40\ €$
Spieler: $E(x) = \frac{1}{100} \cdot 60\ € - 1\ € = -0{,}40\ €$
Im Durchschnitt verliert der Spieler 40 Cent pro Spiel.

b Losverkäufer: $E(x) = \frac{1}{100} \cdot (-70\ €) + 1\ € = 0{,}30\ €$
Spieler: $E(x) = \frac{1}{100} \cdot 70\ € - 1\ € = -0{,}30\ €$
Der Spieler verliert jetzt im Durchschnitt 30 Cent pro Spiel.

c Jedes hundertste Los gewinnt 100 €:
Losverkäufer: $E(x) = \frac{1}{100} \cdot (-100\ €) + 1\ € = 0\ €$
Spieler: $E(x) = \frac{1}{100} \cdot 100\ € - 1\ € = -0\ €$
Bei einem Gewinn von 100 € sind die Erwartungswerte für Losverkäufer und Spieler jeweils 0 und das Spiel damit fair.

2

a 20 € Gewinn: $E(x) = \frac{1}{2} \cdot 20\ € - 10\ € = 0\ €$ b 10 € Gewinn: $E(x) = \frac{1}{2} \cdot 10\ € - 10\ € = -5\ €$

c 15 € Gewinn: $E(x) = \frac{1}{2} \cdot 15\ € - 10\ € = -2{,}50\ €$ d 25 € Gewinn; $E(x) = \frac{1}{2} \cdot 25\ € - 10\ € = 2{,}50\ €$

3 $E(x) = \frac{1}{37} \cdot 360\ € - 10\ € = -0{,}27\ €$: Der Spieler verliert im Durchschnitt pro Runde 27 Cent.

4

a $P(\text{gleiche Farbe}) = 5 \cdot \frac{1}{5} \cdot \frac{1}{5} = \frac{1}{5} = 20\ \%$

b $P(\text{unterschiedliche Farbe}) = 5 \cdot \frac{4}{5} \cdot \frac{1}{5} = \frac{4}{5} = 80\ \%$

c $E(x) = \frac{1}{25} \cdot 5\ € + \frac{4}{25} \cdot 1{,}50\ € - 0{,}50\ € = -0{,}06\ €$: Der Spieler verliert im Durchschnitt 6 Cent pro Spiel.

5

a $E(x) = \frac{1}{6} \cdot 1 + \frac{1}{6} \cdot 2 + \frac{1}{6} \cdot 3 + \frac{1}{6} \cdot 4 + \frac{1}{6} \cdot 5 + \frac{1}{6} \cdot 6 = 3{,}5$
Durchschnittlich ist bei einem normalen Spielwürfel ein Wert von 3,5 zu erwarten.

b $E(x) = \frac{1}{6} \cdot 2 + \frac{1}{6} \cdot 2 + \frac{1}{6} \cdot 2 + \frac{1}{6} \cdot 3 + \frac{1}{6} \cdot 3 + \frac{1}{6} \cdot 6 = 3$
Bei diesem Würfel beträgt der durchschnittlich zu erwartende Wert 3.

3.5 Der Erwartungswert

6

a Die Wahrscheinlichkeit für einen Pasch ist $P = 6 \cdot \frac{1}{6} \cdot \frac{1}{6} = \frac{1}{6} = 16{,}67\,\%$

$E(x) = \frac{1}{6} \cdot 5\,€ - 1\,€ = -0{,}17\,€$

b Die Wahrscheinlichkeit für die Augensumme 7 ist $P = 6 \cdot \frac{1}{6} \cdot \frac{1}{6} = \frac{1}{6} = 16{,}67\,\%$

$E(x) = \frac{1}{6} \cdot 5\,€ - 1\,€ = -0{,}17\,€$

Der Erwartungswert für den Spieler ist in beiden Varianten gleich: Er verliert im Durchschnitt 17 Cent pro Spiel.

7

a

Augen-summe	1	2	3	3	4	6
1	2	3	4	4	5	7
2	3	4	5	5	6	8
3	4	5	6	6	7	9
3	4	5	6	6	7	9
4	5	6	7	7	8	10
6	7	8	9	9	10	12

$E(x) = \frac{6}{36} \cdot 6\,€ + \frac{3}{36} \cdot 12\,€ - 2{,}50\,€ = -0{,}50\,€$: Der Spieler verliert im Durchschnitt 50 Cent.

b $E(x) = \frac{6}{36} \cdot 6\,€ + \frac{3}{36} \cdot 15\,€ - 2{,}50\,€ = -0{,}25\,€$

Der Spieler verliert jetzt im Durchschnitt nur noch 25 Cent.

c $E(x) = \frac{6}{36} \cdot (-6\,€) + \frac{3}{36} \cdot (-20\,€) + 2{,}50\,€ = -0{,}17\,€$

Der Betreiber verliert jetzt pro Spiel im Durchschnitt 17 Cent, das Spiel lohnt sich für ihn nicht mehr.

Seite 68

8

a Wahrscheinlichkeit für „E" und „F": $P = \frac{2}{7} \cdot \frac{3}{6} + \frac{3}{7} \cdot \frac{2}{6} = \frac{2}{7} = 28{,}57\,\%$

Wahrscheinlichkeit zwei weitere „L": $P = \frac{2}{7} \cdot \frac{1}{6} = \frac{1}{21} = 4{,}76\,\%$

$E(x) = \frac{2}{7} \cdot 2{,}50\,€ + \frac{1}{21} \cdot 5\,€ - 1\,€ = -0{,}05\,€$

Ellas Bruder verliert im Durchschnitt pro Spiel 5 Cent, sollte das Angebot also nicht annehmen.

b $E(x) = \frac{2}{7} \cdot 2{,}50\,€ + \frac{1}{21} \cdot 6\,€ - 1\,€ = 0\,€$

Gewinnt man 6 € bei dreimal „L", so ist das Spiel fair.

9

a $E(x) = \frac{1}{2} \cdot 0\,€ + \frac{1}{4} \cdot 5\,€ + \frac{1}{8} \cdot 10\,€ + \frac{1}{16} \cdot 15\,€ + \frac{1}{16} \cdot 20\,€ - 5\,€ = -0{,}31\,€$

Pro Spielrunde verliert der Spieler durchschnittlich 31 Cent.

b $E(x) = \frac{1}{2} \cdot 0\,€ + \frac{1}{4} \cdot 6\,€ + \frac{1}{8} \cdot 10\,€ + \frac{1}{16} \cdot 15\,€ + \frac{1}{16} \cdot 20\,€ - 5\,€ = -0{,}06\,€$

Der Spieler würde dann im Durchschnitt pro Spielrunde nur noch 6 Cent verlieren.

3 Wahrscheinlichkeit

9 *(Fortsetzung)*
c $E(x) = \frac{1}{2} \cdot 0\,€ + \frac{1}{4} \cdot 5\,€ + \frac{1}{8} \cdot 12\,€ + \frac{1}{16} \cdot 15\,€ + \frac{1}{16} \cdot 20\,€ - 5\,€ = -0{,}06\,€$
Der Spieler würde dann pro Spielrunde durchschnittlich 6 Cent verlieren. Seine Gewinnchancen sind damit zwar besser als bei der ursprünglichen Verteilung, aber nicht besser als die des Anbieters.
d ① Beispiellösung: $E(x) = \frac{1}{2} \cdot 0\,€ + \frac{1}{4} \cdot 5\,€ + \frac{1}{8} \cdot 10\,€ + \frac{1}{16} \cdot 15\,€ + \frac{1}{16} \cdot 25\,€ - 5\,€ = 0$
Wird für das blaue Feld 25 € gezahlt, ist das Spiel fair.
② $E(x) = \frac{1}{2} \cdot 0\,€ + \frac{1}{4} \cdot 5\,€ + \frac{1}{8} \cdot 10\,€ + \frac{1}{16} \cdot 15\,€ + \frac{1}{16} \cdot 20\,€ - 4{,}60\,€ = 0$
Bei einem Einsatz von 4,69 € ist das Spiel fair.

10
a Aus $E(x) = \frac{4}{10} \cdot 0\,€ + \frac{3}{10} \cdot 10\,€ + \frac{2}{10} \cdot 20\,€ + \frac{1}{10} \cdot x - 10\,€ = 0$ folgt $x = 30\,€$.
Bei einem Gewinn von 30 € pro roter Karte ist das Spiel fair.
b Aus $E(x) = \frac{4}{10} \cdot 0\,€ + \frac{3}{10} \cdot 10\,€ + \frac{2}{10} \cdot 20\,€ + \frac{1}{10} \cdot x - 10\,€ = -0{,}25\,€$ folgt $x = 27{,}50\,€$.
Bei einem Gewinn von 27,50 € pro roter Karte beträgt der Erwartungswert für den Spieler –0,25 €.

11
a $P(\text{zweimal Schwein}) = \frac{1}{8} \cdot \frac{1}{8} = \frac{1}{64}$
$P(\text{zweimal Kleeblatt}) = \frac{2}{8} \cdot \frac{1}{8} = \frac{2}{64}$
$P(\text{zweimal Schornsteinfeger}) = \frac{2}{8} \cdot \frac{2}{8} = \frac{4}{64}$
$E(x) = \frac{1}{64} \cdot (-20\,€) + \frac{2}{64} \cdot (-10\,€) + \frac{4}{64} \cdot (-10\,€) + 1{,}50\,€ = 0{,}25\,€$
Der Verein kann pro Spiel mit einem durchschnittlichen Gewinn von 25 Cent rechnen.
b $200 \cdot 0{,}05\,€ = 10\,€$: Bei 200 Spielen kann der Verein mit 50 € Gewinn rechnen.
c Aus $E(x) = \frac{1}{64} \cdot (-20\,€) + \frac{2}{64} \cdot (-10\,€) + \frac{4}{64} \cdot x + 1{,}50\,€ = 0{,}50\,€$ folgt $x = -6\,€$
Um einen Erwartungswert von 50 Cent zu erreichen, müsste der Verein bei zwei Schornsteinfegern einen Gewinn von 6 € auszahlen.

4 Trigonometrie

4.1 Sinus und Kosinus

Seite 78

1

a

Flugstrecke x (m)	100	500	1000	2000	5000
Flughöhe h (m)	22,5	112,5	225,0	450,0	1125
Entfernung am Boden y (m)	97,4	487,2	974,4	1948,7	4871,9

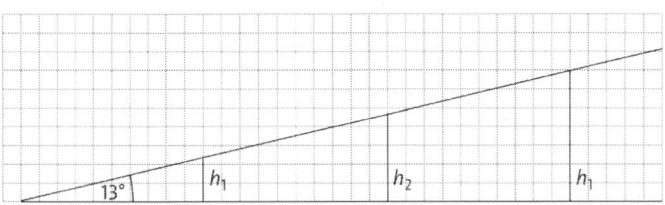

b

Flugstrecke x (m)	100	500	1000	2000	5000
$\frac{\text{Flughöhe h}}{\text{Flugstrecke x}}$	0,225	0,225	0,225	0,225	0,225
$\frac{\text{Entfernung am Boden y}}{\text{Flugstrecke x}}$	0,974	0,9744	0,9744	0,97435	0,97438

Die Quotienten sind – im Rahmen der Messgenauigkeit – konstant.

Seite 79

Übungsaufgaben

Planfiguren sind nicht in Originalgröße

1

a Beispiel:
c = 5 cm
a = 2,9 cm
b = 4,1 cm

b Beispiel:
c' = 7 cm
a' = 4,0 cm
b' = 5,7 cm

c $\frac{a}{c} = 0{,}58 \qquad \frac{a'}{c'} \approx 0{,}57 \qquad \frac{b}{c} = 0{,}82 \qquad \frac{b'}{c'} \approx 0{,}81$

d In zwei zueinander ähnlichen rechtwinkligen Dreiecken sind die Verhältnisse der einander entsprechenden Seiten gleich.

4 Trigonometrie

2

a $\sin\alpha = \frac{a}{c}$ **b** $\cos\alpha = \frac{b}{c}$ **c** $\sin\beta = \frac{b}{c}$ **d** $\cos\beta = \frac{a}{c}$

3

a gegeben:
$a = 9$ cm; $\gamma = 90°$; $\beta = 35°$
gemessen:
$b = 6{,}3$ cm
$c = 11$ cm
$\sin\alpha = \frac{a}{c} = 0{,}82$
$\cos\alpha = \frac{b}{c} = 0{,}57$

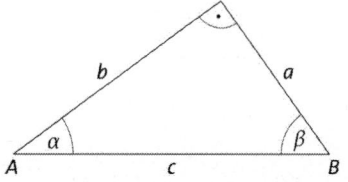

b gegeben:
$a = 5$ cm; $b = 7$ cm; $\gamma = 90°$
gemessen:
$c = 8{,}6$ cm
$\cos\alpha = \frac{b}{c} = 0{,}81$
$\sin\beta = \frac{b}{c} = 0{,}81$

c gegeben:
$b = 9$ cm; $c = 6$ cm; $\alpha = 90°$
gemessen:
$a = 10{,}8$ cm
$\sin\beta = \frac{b}{a} = 0{,}83$
$\cos\beta = \frac{c}{a} = 0{,}56$

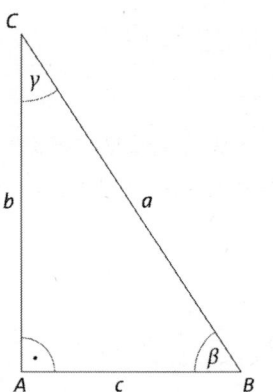

4

a gegeben:
$a = 9$ cm; $\gamma = 90°$; $\beta = 25°$
gemessen:
$b = 4{,}2$ cm
$c = 9{,}9$ cm
$\alpha = 65°$
Kleinster Winkel: $\beta = 25°$
$\sin\beta = \frac{b}{c} \approx 0{,}42$
$\cos\beta = \frac{a}{c} \approx 0{,}91$

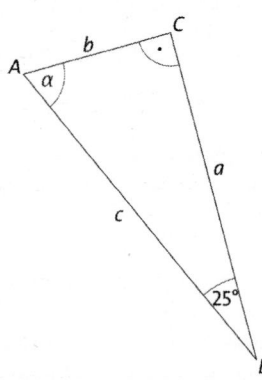

4 *(Fortsetzung)*

b gegeben:
b = 6,8 cm; γ = 90°; α = 58°
gemessen:
a = 10,9 cm
c = 12,8 cm
β = 32°
Kleinster Winkel: β = 32°
$\sin \beta = \frac{b}{c} \approx 0{,}53$
$\cos \beta = \frac{a}{c} \approx 0{,}85$

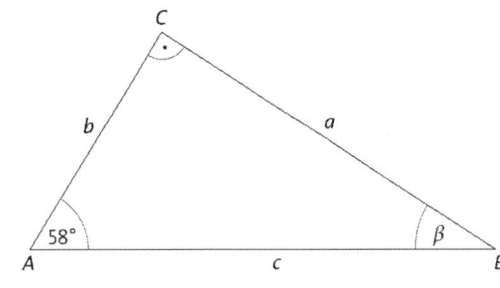

c gegeben:
c = 12,5 cm; α = 90°; β = 24°
gemessen:
a = 13,7 cm; b = 5,6 cm; γ = 66°
Kleinster Winkel: β = 24°
$\sin \beta = \frac{b}{a} \approx 0{,}41$
$\cos \beta = \frac{c}{a} \approx 0{,}91$

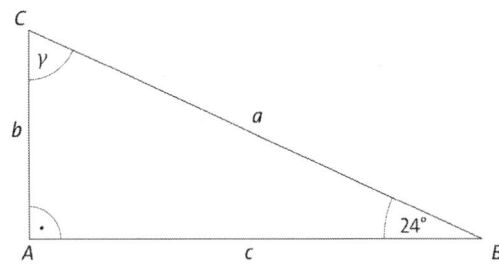

5
a $\frac{a}{b} = \sin \alpha = \cos \gamma$ $\quad \frac{c}{b} = \sin \gamma = \cos \alpha$ **c** $\frac{d}{c} = \sin \delta = \cos \varepsilon \quad \frac{e}{c} = \sin \varepsilon = \cos \delta$
b $\frac{c}{a} = \sin \gamma = \cos \beta$ $\quad \frac{b}{a} = \sin \beta = \cos \gamma$

6
a richtig **b** falsch, richtig ist: $\cos \beta = \frac{c}{a}$ **c** falsch, richtig ist: $\cos \gamma = \frac{b}{a}$
d sin α kann in diesem Dreieck nicht bestimmt werden, da α der rechte Winkel ist. Richtig: $\sin \gamma = \frac{c}{a}$.

Seite 80

7 $\sin \alpha = \frac{a}{c} = \frac{h}{b} \quad \cos \alpha = \frac{b}{c} = \frac{p}{b} \quad \sin \beta = \frac{b}{c} = \frac{h}{a} \quad \cos \beta = \frac{a}{c} = \frac{q}{a}$

8 $\sin 38{,}7° = \frac{b}{p+q} = \frac{6{,}25}{3{,}91+6{,}09} = 0{,}625; \sin 38{,}7° = \frac{h}{c} = \frac{5}{8} = 0{,}625; \sin 38{,}7° = \frac{q}{b} = \frac{3{,}91}{6{,}25} = 0{,}6256$
$\cos 38{,}7° = \frac{c}{p+q} = \frac{8}{3{,}91+6{,}09} = 0{,}8; \cos 38{,}7° = \frac{p}{c} = \frac{6{,}09}{8} = 0{,}76; \cos 38{,}7° = \frac{h}{b} = \frac{5}{6{,}25} = 0{,}8$
$\sin 51{,}3° = \frac{c}{p+q} = \frac{8}{3{,}91+6{,}09} = 0{,}8; \sin 51{,}3° = \frac{h}{b} = \frac{5}{6{,}25} = 0{,}8; \sin 51{,}3° = \frac{p}{c} = \frac{6{,}09}{8} = 0{,}76$
$\cos 51{,}3° = \frac{b}{p+q} = \frac{6{,}25}{3{,}91+6{,}09} = 0{,}625; \cos 51{,}3° = \frac{q}{b} = \frac{3{,}91}{6{,}25} = 0{,}6256; \cos 51{,}3° = \frac{h}{c} = \frac{5}{8} = 0{,}625$

Sinus-und Kosinuswerte zeichnerisch bestimmen

9 Um den Sinus-oder Kosinuswert am Einheitskreis zu bestimmen, liest man die Längen der Katheten in Zentimetern ab und teilt durch Länge des Radius. Das ist bei r = 10 cm rechnerisch einfach.

4 Trigonometrie

10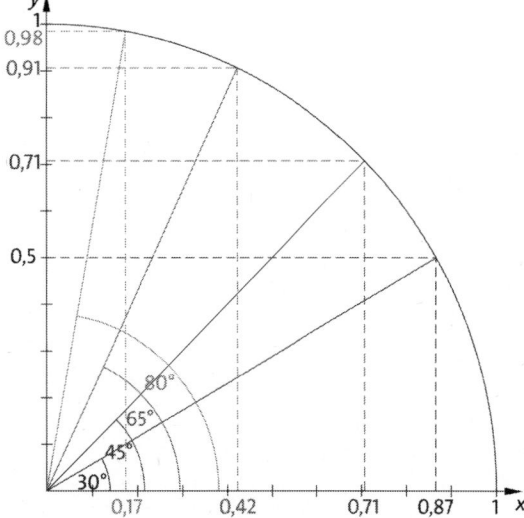

a sin 30° = 0,5; cos 30° ≈ 0,87
b sin 45° ≈ 0,71; cos 45° ≈ 0,71
c sin 65° ≈ 0,91; cos 65° ≈ 0,42
d sin 80° ≈ 0,98; cos 80° ≈ 0,17

11 Man zeichnet im Einheitskreis einen Radius ein, der mit der x-Achse den betrachteten Winkel einschließt. Dann zeichnet man eine Parallele zur y-Achse durch den Schnittpunkt dieses Radius mit der Kreislinie. Es ergibt sich ein rechtwinkliges Dreieck, bei dem die Hypotenuse der Radius ist. Da die Hypotenuse also gleich 1 ist, entspricht die Länge der Katheten dem Sinus- bzw. Kosinuswert des betrachteten Winkels. Für den Winkel 60° liest man den Sinuswert 0,87 und den Kosinuswert 0,5 ab.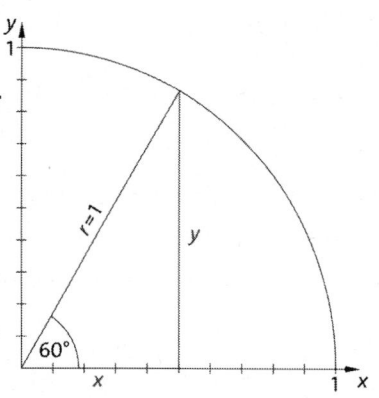

12

a Falsch. Die Katheten können nicht länger als die Hypotenuse sein, da die Hypotenuse die längste Seite des Dreiecks ist. Die Länge der Hypotenuse im Einheitskreis ist 1.
b Falsch. Dies gilt nur dann, wenn der rechte Winkel $\gamma = 90°$ ist. Dann bezeichnen sin α und cos β beide die gleiche Kathete und sind damit gleich groß. Ist α oder β der rechte Winkel, ist die Aussage falsch.
c Wahr. Beträgt der Winkel am Mittelpunkt des Einheitskreises 45°, so sind die Katheten gleich lang und es gilt sin 45° = cos 45° ≈ 0,71.

13 Man liest die Länge der Katheten in Zentimetern ab und teilt das Ergebnis durch 12.

4.2 Tangens

Seite 81

1

a

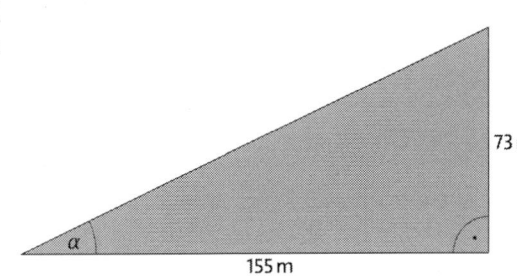

ablesen: α = 25,2°

b Steigung: $\frac{73}{155} = 0{,}471 = 47{,}1\,\%$. : Ben hat nicht Recht, die Steigung beträgt nur etwa 47 %.

Seite 82

Übungsaufgaben

1

a

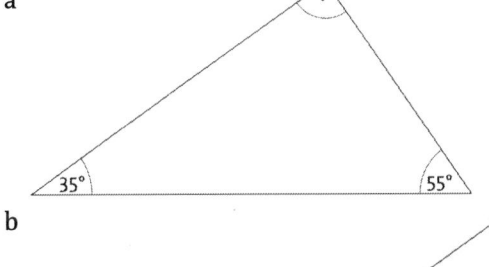

Beispiel:
a = 3,4 cm
b = 4,9 cm
c = 6 cm

b

Beispiel:
a' = 5,7 cm
b' = 8,2 cm
c' = 10 cm

c $\frac{a}{b} \approx 0{,}70;\ \frac{a'}{b'} \approx 0{,}70;\ \frac{b}{a} \approx 1{,}44;\ \frac{b'}{a'} \approx 1{,}44$

d In zwei zueinander ähnlichen rechtwinkligen Dreiecken sind die Seitenverhältnisse der einander entsprechenden Seiten gleich.

2

a $\tan\alpha = \frac{a}{b};\ \tan\beta = \frac{b}{a}$

b $\tan\delta = \frac{d}{e};\ \tan\varepsilon = \frac{e}{d}$

3

a $\frac{z}{x} = \tan\alpha;\ \frac{x}{z} = \tan\beta$

b $\frac{d}{f} = \tan\delta;\ \frac{f}{d} = \tan\varphi$

4

a $\tan\alpha = \frac{12}{24} = 0{,}5$; $\tan\beta = \frac{24}{12} = 2$

b $\tan\alpha = \frac{16}{20} = 0{,}8$; $\tan\beta = \frac{20}{16} = 1{,}25$

5

a angenommen: c = 5 cm
gemessen: a = 2,5 cm; b = 4,3 cm
$\tan\alpha = \tan 30° = \frac{a}{b} = 0{,}58$
$\tan\beta = \tan 60° = \frac{b}{a} = 1{,}72$

b angenommen: c = 5 cm
gemessen: a = 1,7 cm; b = 4,7 cm
$\tan\alpha = \tan 20° = \frac{a}{b} = 0{,}36$
$\tan\beta = \tan 70° = \frac{b}{a} = 2{,}76$

c angenommen: c = 5 cm
gemessen: a = 1,9 cm; b = 4,6 cm
$\tan\alpha = \tan 22° = \frac{a}{b} = 0{,}41$
$\tan\beta = \tan 68° = \frac{b}{a} = 2{,}42$

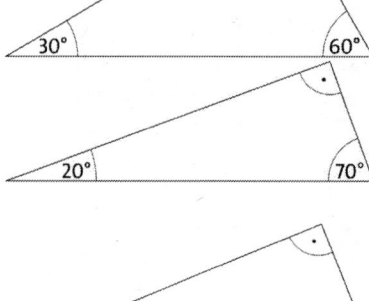

6

a $\tan\alpha = \frac{1}{2}$, also $\alpha = 26{,}6°$

b $\tan\alpha = \frac{5}{2}$, also $\alpha = 68{,}2°$

c $\tan\beta = \frac{3}{5}$, also $\beta = 31{,}0°$

d $\tan\beta = 2$, also $\beta = 63{,}4°$

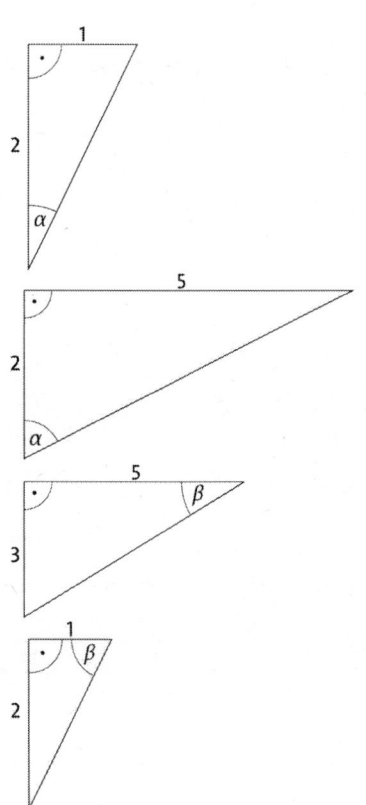

7   $\cos \alpha = \frac{\overline{AC}}{\overline{AB}}$: passt zur Figur

$\tan \beta = \frac{\overline{CD}}{\overline{BE}}$: passt nicht, Korrektur: $\tan \beta = \frac{\overline{CD}}{\overline{BD}}$

$\cos \beta = \frac{\overline{BD}}{\overline{BC}}$: passt zur Figur

$\cos \delta_1 = \frac{\overline{BD}}{\overline{DE}}$: passt nicht, Korrektur: $\cos \delta_1 = \frac{\overline{DE}}{\overline{BD}}$ oder $\sin \delta_1 = \frac{\overline{BE}}{\overline{DB}}$

$\sin \gamma_1 = \frac{\overline{AC}}{\overline{AD}}$: passt nicht, Korrektur: $\sin \gamma_1 = \frac{\overline{AD}}{\overline{AC}}$

8   $\sin 36{,}9° = \frac{15}{25} = 0{,}6$; $\sin 36{,}9° = \frac{12}{20} = 0{,}6$; $\sin 36{,}9° = \frac{9}{15} = 0{,}6$

$\cos 36{,}9° = \frac{20}{25} = 0{,}8$; $\cos 36{,}9° = \frac{16}{20} = 0{,}8$; $\cos 36{,}9° = \frac{12}{15} = 0{,}8$

$\tan 36{,}9° = \frac{15}{20} = 0{,}75$; $\tan 36{,}9° = \frac{12}{16} = 0{,}75$; $\tan 36{,}9° = \frac{9}{12} = 0{,}75$

$\sin 53{,}1° = \frac{20}{25} = 0{,}8$; $\sin 53{,}1° = \frac{12}{15} = 0{,}8$; $\sin 53{,}1° = \frac{16}{20} = 0{,}8$

$\cos 53{,}1° = \frac{15}{25} = 0{,}6$; $\cos 53{,}1° = \frac{9}{15} = 0{,}6$; $\cos 53{,}1° = \frac{12}{20} = 0{,}6$

$\tan 53{,}1° = \frac{20}{15} = 1{,}33$; $\tan 53{,}1° = \frac{12}{9} = 1{,}33$; $\tan 53{,}1° = \frac{16}{12} = 1{,}33$

9

a $\frac{x}{z} = \tan \gamma$ b $\frac{z}{x} = \tan \beta$ c $\frac{z}{y} = \cos \gamma = \sin \beta$ d $\frac{x}{y} = \cos \beta = \sin \gamma$

4.3 Berechnungen in rechtwinkligen Dreiecken

Seite 83

1

a $\sin \alpha = \frac{h}{l}$, also $h = l \cdot \sin \alpha = 8\,\text{m} \cdot \sin 30° = 4\,\text{m}$
    Die Leiter muss 4 m hoch sein.

b   Steigungswinkel der Rutsche in Altstadt:
    $\sin \alpha = \frac{h}{l} = \frac{3{,}2}{7} \approx 0{,}46$; $\alpha \approx 27{,}2°$
    Der Steigungswinkel der Neustädter Rutsche ist größer, der Bürgermeister hat also Recht.

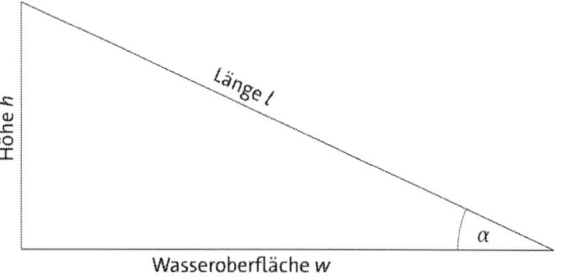

Seite 84

Übungsaufgaben

1

a $a = 3\,\text{cm} \cdot \cos 35° \approx 2{,}46\,\text{cm}$; $c = 3\,\text{cm} \cdot \sin 35° \approx 1{,}72\,\text{cm}$; $\alpha \approx 55°$

b $\tan \beta = \frac{10}{8} \Rightarrow \beta \approx 51{,}34°$; $\gamma \approx 38{,}66°$; $a = \frac{10\,\text{km}}{\cos 38{,}66°} \approx 12{,}8\,\text{km}$

c $\cos \beta = \frac{440}{840} \Rightarrow \beta \approx 58{,}41°$; $\alpha \approx 31{,}59°$; $b = 840\,\text{cm} \cdot \cos 31{,}59° \approx 715{,}54\,\text{cm} \approx 7{,}155\,\text{m}$

d $b = 7{,}7\,\text{cm} \cdot \cos 62° \approx 3{,}61\,\text{cm}$; $c = 7{,}7\,\text{cm} \cdot \sin 62° \approx 6{,}80\,\text{cm}$; $\beta = 28°$

2

a gegeben: a = 5,4 cm; α = 90°; β = 37°
γ = 53°
b = 5,4 cm · sin 37° ≈ 3,25 cm
c = 5,4 cm · cos 37° ≈ 4,31 cm

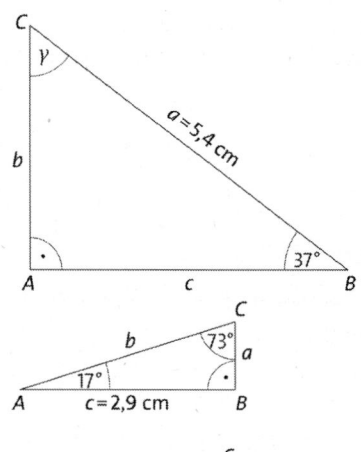

b gegeben: c = 2,9 cm; α = 17°
γ = 73°; β = 90°
a = 2,9 cm · tan 17° ≈ 0,89 cm
b = $\frac{2,9 \text{ cm}}{\cos 17°}$ ≈ 3,03 cm

c gegeben: b = 7,2 cm; c = 9,6 cm; γ = 90°
cos α = $\frac{7,2}{9,6}$ ⇒ α ≈ 41,4°
β = 48,6°
a = 9,6 cm · sin 41,4° ≈ 6,35 cm

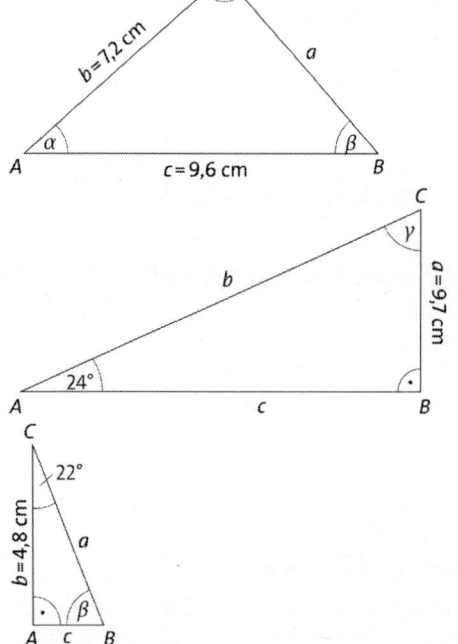

d gegeben: a = 9,7 cm; α = 24°; β = 90°
γ = 66°
b = $\frac{9,7 \text{ cm}}{\sin 24°}$ ≈ 23,85 cm
c = 23,85 cm · cos 24° ≈ 21,79 cm

e gegeben: b = 4,8 cm; α = 90°; γ = 22°
β = 68°
a = $\frac{4,8 \text{ cm}}{\cos 22°}$ ≈ 5,18 cm
c = 5,18 cm · cos 68° ≈ 1,94 cm

3 Die beiden kürzeren Dreiecksseiten sind 3,46 km und 1,80 km lang. Der gesamte Wanderweg wird damit 9,16 km lang werden.

4 sin α = $\frac{275}{3500}$ ⇒ α ≈ 4,5°
Anna und Nico sind mit einem durchschnittlichen Steigungswinkel von 4,5° auf den Gipfel gestiegen.

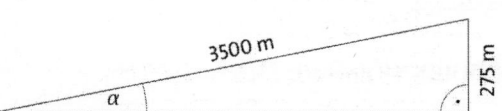

4.3 Berechnungen in rechtwinkligen Dreiecken

5 Die Entfernung Eiffelturm–Louvre wird a genannt. Das Dreieck aus Montparnasse, Louvre und Eiffelturm ist gleichschenklig, sodass die Strecke Louvre–Montparnasse die Hypotenuse in einem rechtwinkligen Dreieck ist, dessen eine Kathete $\frac{a}{2}$ und dessen einer Winkel die Hälfte des Winkels beim Montparnasse ist, also 46°: $\sin 46° = \frac{a/2}{2{,}4\text{ km}}$, also $a = 2 \cdot 2{,}4 \text{ km} \cdot \sin 46° = 3{,}45 \text{ km}$.
Eiffelturm und Louvre sind 3,45 km voneinander entfernt.

6

a $\tan \alpha = \frac{1{,}86}{1{,}50} \Rightarrow \alpha = 51{,}1°$:
Der Neigungswinkel muss 51,1° betragen.

b $\tan 61{,}5° = \frac{1{,}86}{x} \Rightarrow x = 1{,}01$
Herr Reinhard kann nun in einem Abstand von etwa 1,01 m stehen.

7

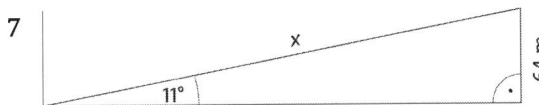

a $\sin 11° = \frac{64 \text{ cm}}{x}$; $x \approx 335{,}4$ cm: Die Rampe ist ca. 3,35 m lang.

b $\tan \alpha = 0{,}06$, also $\alpha \approx 3{,}43°$: Die Rampe müsste einen Winkel von etwa 3,43° haben.

c $\sin 3{,}43° = \frac{64 \text{ cm}}{x}$; $x \approx 1069{,}7$ cm: Die Rampe müsste dann etwa 10,69 m lang sein.

Berechnungen in beliebigen Dreiecken

Seite 86

8

a $h_c = 4{,}2 \text{ cm} \cdot \sin 70{,}1° \approx 3{,}95 \text{ cm}$
$c_1 = 4{,}2 \text{ cm} \cdot \cos 70{,}1° \approx 1{,}43 \text{ cm}$
$c_2 = 3{,}2 \text{ cm} - c_1 = 1{,}77 \text{ cm}$
$\tan \beta = \frac{3{,}95}{1{,}77} \Rightarrow \boldsymbol{\beta \approx 65{,}86°}$
$a = \frac{3{,}95 \text{ cm}}{\sin 65{,}86°} \approx \boldsymbol{4{,}33 \text{ cm}}$
$\gamma = 180° - 70{,}1° - 65{,}86° = \boldsymbol{44{,}04°}$

b $\beta = 180° - 68{,}5° - 66{,}5° = \boldsymbol{45°}$
$h_b = 5{,}2 \text{ cm} \cdot \sin 66{,}5° \approx 4{,}77 \text{ cm}$
$c = \frac{4{,}77 \text{ cm}}{\sin 68{,}5°} \approx \boldsymbol{5{,}13 \text{ cm}}$
$b_1 = 5{,}13 \text{ cm} \cdot \cos 68{,}5° \approx 1{,}88 \text{ cm}$
$b_2 = 5{,}2 \text{ cm} \cdot \cos 66{,}5° \approx 2{,}07 \text{ cm}$
$b = b_1 + b_2 = \boldsymbol{3{,}95 \text{ cm}}$

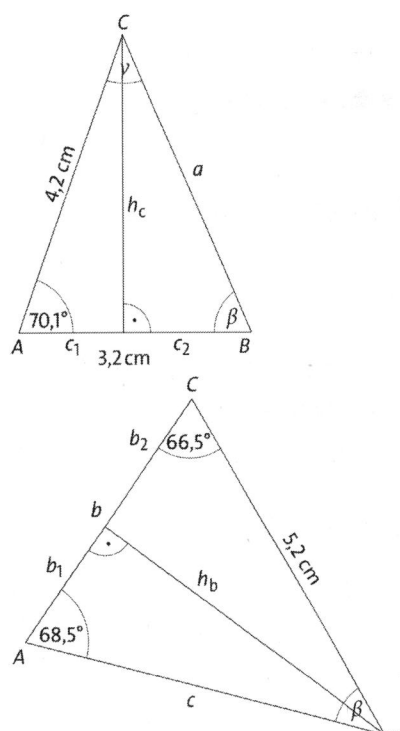

4 Trigonometrie

8 *(Fortsetzung)*

c $h_c = 5 \text{ cm} \cdot \sin 52° \approx 3{,}94 \text{ cm}$
$\sin \beta = \frac{3{,}94}{5{,}2} \Rightarrow \boldsymbol{\beta \approx 49{,}3°}$
$\gamma = 180° - 49{,}3° - 52° = \boldsymbol{78{,}7°}$
$c_1 = 5 \text{ cm} \cdot \cos 52° \approx 3{,}08 \text{ cm}$
$c_2 = 5{,}2 \text{ cm} \cdot \cos 49{,}3° \approx 3{,}39 \text{ cm}$
$c = c_1 + c_2 = \boldsymbol{6{,}47 \text{ cm}}$

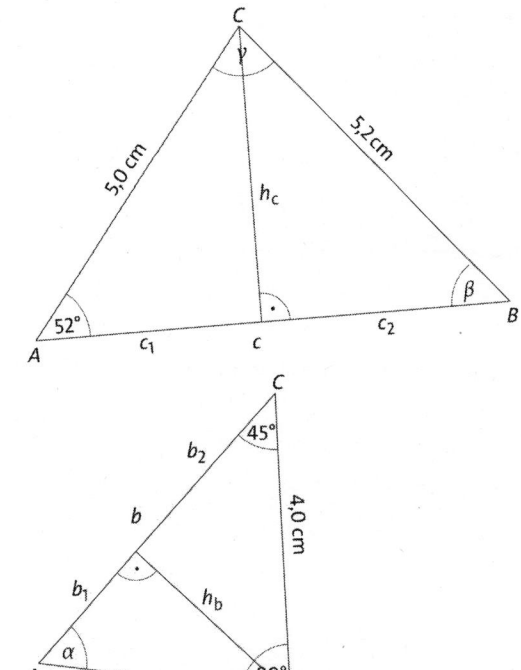

d $\alpha = 180° - 45° - 80° = \boldsymbol{55°}$
$h_b = 4 \text{ cm} \cdot \sin 45° \approx 2{,}83 \text{ cm}$
$c = \frac{2{,}83 \text{ cm}}{\sin 55°} \approx \boldsymbol{3{,}45 \text{ cm}}$
$b_1 = 3{,}45 \text{ cm} \cdot \cos 55° \approx 1{,}98 \text{ cm}$
$b_2 = 4{,}0 \text{ cm} \cdot \cos 45° \approx 2{,}83 \text{ cm}$
$b = b_1 + b_2 = \boldsymbol{4{,}81 \text{ cm}}$

9

a gegeben: $c = 6{,}5 \text{ cm}; \alpha = 60°; \beta = 40°$
$\gamma = 180° - 40° - 60° = \boldsymbol{80°}$
$h_a = 6{,}5 \text{ cm} \cdot \sin 40° \approx 4{,}18 \text{ cm}$
$b = \frac{4{,}18 \text{ cm}}{\sin 80°} \approx \boldsymbol{4{,}24 \text{ cm}}$
$a_1 = 6{,}5 \text{ cm} \cdot \cos 40° \approx 4{,}98 \text{ cm}$
$a_2 = 4{,}24 \text{ cm} \cdot \cos 80° \approx 0{,}74 \text{ cm}$
$a = a_1 + a_2 = \boldsymbol{5{,}72 \text{ cm}}$

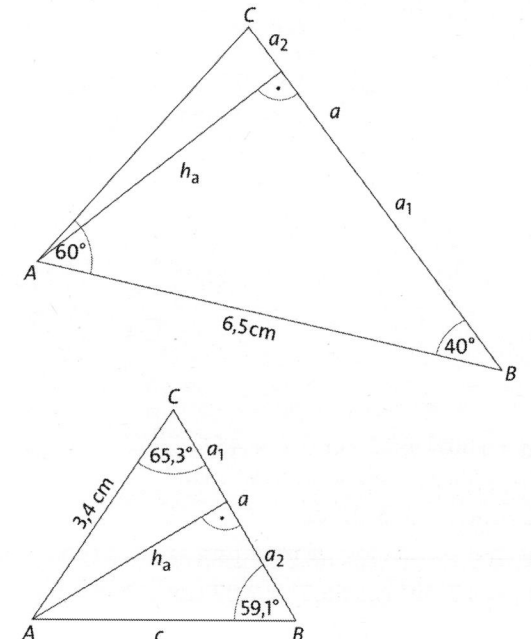

b gegeben: $b = 3{,}4 \text{ cm}; \beta = 59{,}1°; \gamma = 65{,}3°$
$\alpha = 180° - 59{,}1° - 65{,}3° = \boldsymbol{55{,}6°}$
$h_a = 3{,}4 \text{ cm} \cdot \sin 65{,}3° \approx 3{,}09 \text{ cm}$
$c = \frac{3{,}09 \text{ cm}}{\sin 59{,}1°} \approx \boldsymbol{3{,}60 \text{ cm}}$
$a_1 = 3{,}4 \text{ cm} \cdot \cos 65{,}3° \approx 1{,}42 \text{ cm}$
$a_2 = 3{,}6 \text{ cm} \cdot \cos 59{,}1° \approx 1{,}85 \text{ cm}$
$a = a_1 + a_2 = \boldsymbol{3{,}27 \text{ cm}}$

1.3 Berechnungen in rechtwinkligen Dreiecken

9 *(Fortsetzung)*

c gegeben: $a = 2{,}8$ cm; $b = 3{,}6$ cm; $\gamma = 76°$

$h_a = 3{,}6$ cm $\cdot \sin 76° \approx 3{,}49$ cm

$a_1 = 3{,}6$ cm $\cdot \cos 76° \approx 0{,}87$ cm

$a_2 = a - a_1 = 1{,}93$ cm

$\tan \beta = \frac{3{,}5}{1{,}93} \Rightarrow \boldsymbol{\beta \approx 61{,}1°}$

$\alpha = 180° - 76° - 61{,}1° \approx \boldsymbol{42{,}9°}$

$c = \frac{3{,}49 \text{ cm}}{\sin 61{,}1°} \approx \boldsymbol{3{,}99 \text{ cm}}$

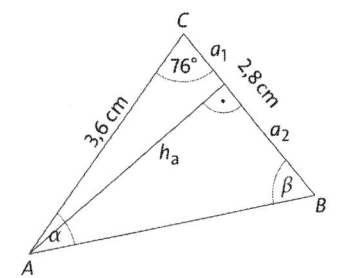

10

a gegeben: $b = 4{,}5$ cm; $c = 8{,}1$ cm; $\alpha = 48°$

$h_b = 8{,}1$ cm $\cdot \sin 48° \approx 6{,}02$ cm

$A = \frac{1}{2} \cdot 4{,}5$ cm $\cdot 6{,}02$ cm $= 13{,}54$ cm²

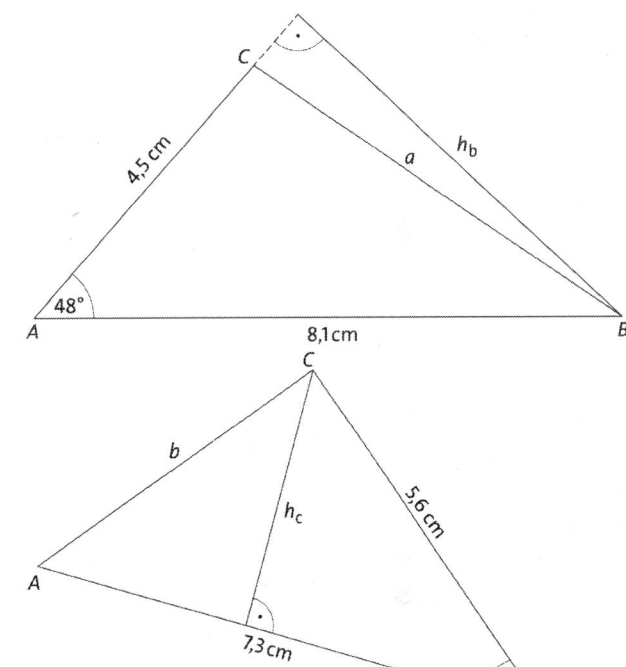

b gegeben: $a = 5{,}6$ cm; $c = 7{,}3$ cm; $\beta = 39°$

$h_c = 5{,}6$ cm $\cdot \sin 39° \approx 3{,}52$ cm

$A = \frac{1}{2} \cdot 7{,}3$ cm $\cdot 3{,}52$ cm $= 12{,}86$ cm²

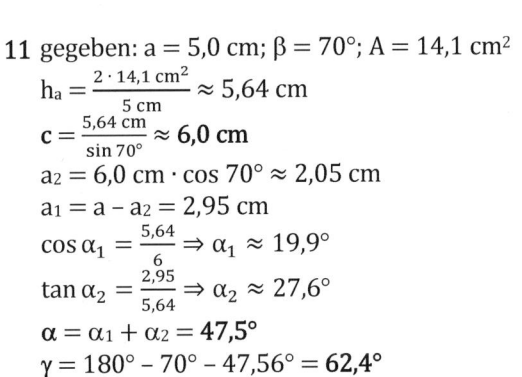

11 gegeben: $a = 5{,}0$ cm; $\beta = 70°$; $A = 14{,}1$ cm²

$h_a = \frac{2 \cdot 14{,}1 \text{ cm}^2}{5 \text{ cm}} \approx 5{,}64$ cm

$c = \frac{5{,}64 \text{ cm}}{\sin 70°} \approx \boldsymbol{6{,}0 \text{ cm}}$

$a_2 = 6{,}0$ cm $\cdot \cos 70° \approx 2{,}05$ cm

$a_1 = a - a_2 = 2{,}95$ cm

$\cos \alpha_1 = \frac{5{,}64}{6} \Rightarrow \alpha_1 \approx 19{,}9°$

$\tan \alpha_2 = \frac{2{,}95}{5{,}64} \Rightarrow \alpha_2 \approx 27{,}6°$

$\alpha = \alpha_1 + \alpha_2 = \boldsymbol{47{,}5°}$

$\gamma = 180° - 70° - 47{,}56° = \boldsymbol{62{,}4°}$

$b = \frac{2{,}95 \text{ cm}}{\sin 27{,}6°} \approx \boldsymbol{6{,}37 \text{ cm}}$

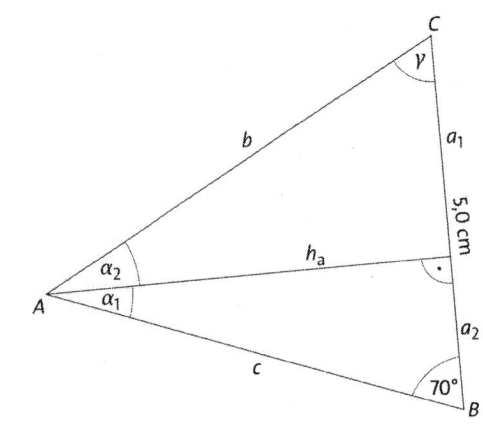

12

$\beta = 180° - 90° - 38° = 52°$; $h_c = 2{,}4\text{ cm} \cdot \sin 52° \approx 1{,}89\text{ cm}$

$\sin \alpha = \frac{1{,}89}{4{,}65} \Rightarrow \alpha = 24°$; $\gamma = 180° - \alpha - \beta = \mathbf{104{,}0°}$

$c_1 = 4{,}65\text{ cm} \cdot \cos 24° \approx 4{,}25\text{ cm}$; $c_2 = 2{,}4\text{ cm} \cdot \cos 52° \approx 1{,}48\text{ cm}$

$c = c_1 + c_2 = 5{,}73\text{ cm}$

$A = \frac{1}{2} \cdot 5{,}73\text{ cm} \cdot 1{,}89\text{ cm} = \mathbf{5{,}41\text{ cm}^2}$

13

gegeben: $c = 3{,}4\text{ cm}$; $\alpha = 30°$; $\gamma = 21°$

$h_b = 3{,}4\text{ cm} \cdot \sin 30° \approx 1{,}70\text{ cm}$

$b_1 = 3{,}4\text{ cm} \cdot \cos 30° \approx 2{,}94\text{ cm}$

$b_2 = \frac{1{,}7\text{ cm}}{\tan 21°} \approx 4{,}43\text{ cm}$; $b = b_1 + b_2 = 7{,}37\text{ cm}$

$a = \frac{1{,}7\text{ cm}}{\sin 21°} \approx 4{,}74\text{ cm}$; $u = a + b + c = \mathbf{15{,}51\text{ cm}}$

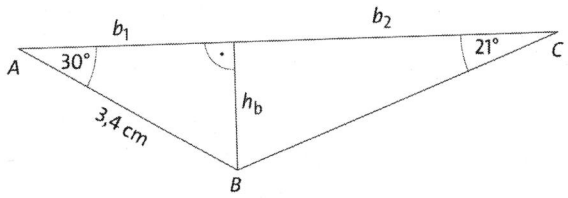

14

gegeben: $a = 4{,}0\text{ cm}$; $c = 3{,}0\text{ cm}$; $\beta = 150°$

$\beta' = 180° - 150° = 30°$

$h_c = 4{,}0\text{ cm} \cdot \sin 30° \approx 2{,}00\text{ cm}$

$c_1 = 4{,}0\text{ cm} \cdot \cos 30° \approx 3{,}46\text{ cm}$

$\tan \alpha = \frac{h_c}{c + c_1} = \frac{2}{6{,}46} \Rightarrow \alpha = \mathbf{17{,}2°}$

$\gamma = 180° - 150° - 17{,}2° = \mathbf{12{,}8°}$

$b = \frac{2{,}0\text{ cm}}{\sin 17{,}2°} \approx 6{,}77\text{ cm}$

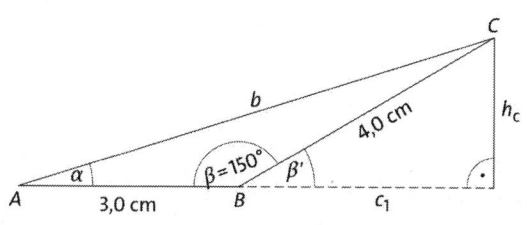

15

$\delta' = 180° - 65° = 115°$

$\alpha = 180° - 115° - 25° = 40°$

$\overline{DE} = 4{,}6\text{ cm} \cdot \sin 40° \approx 2{,}96\text{ cm}$

$\overline{DB} = \frac{2{,}96\text{ cm}}{\sin 25°} \approx 7{,}00\text{ cm}$

$\overline{BC} = 7\text{ cm} \cdot \sin 65° \approx 6{,}34\text{ cm}$

$\overline{DC} = 7\text{ cm} \cdot \cos 65° \approx 2{,}96\text{ cm}$

$A = \frac{1}{2} \cdot 6{,}34\text{ cm} \cdot 2{,}96\text{ cm} = \mathbf{9{,}38\text{ cm}^2}$

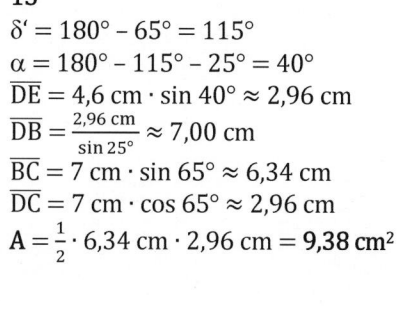

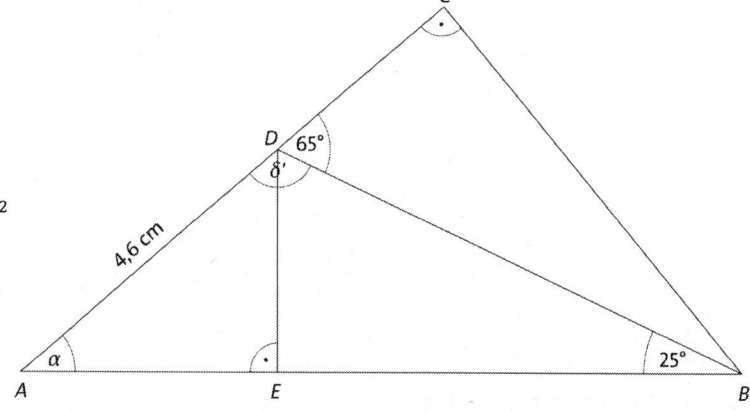

16

Der Flächeninhalt des Sees entspricht näherungsweise der Fläche des großen Dreiecks minus der Fläche des kleinen Dreiecks.

Höhe des kleinen Dreiecks: $h_k = 300\text{ m} \cdot \sin 62° \approx 264{,}88\text{ m}$

Flächeninhalt des kleinen Dreiecks: $A_k = \frac{1}{2} \cdot 350\text{ m} \cdot 264{,}88\text{ m} = 46\,354{,}75\text{ m}^2$

Höhe des großen Dreiecks: $h_g = 800\text{ m} \cdot \sin 56° \approx 663{,}23\text{ m}$

Flächeninhalt des großen Dreiecks: $A_g = \frac{1}{2} \cdot 1200\text{ m} \cdot 663{,}23\text{ m} = 397\,938{,}03\text{ m}^2$

Flächeninnalt des Sees: $A_{See} = A_k - A_g = 351\,583{,}28\text{ m}^2 \approx \mathbf{0{,}35\text{ km}^2}$

4.4 Vielecke

Seite 88

Übungsaufgaben

1 Die untere Seite ist um die Streck 2x länger als die obere. Für x gilt:
 x = 4,0 cm · cos 50,3° ≈ 2,555 cm
 Daraus folgt $\overline{CD}$ = 9 cm − 2x = 3,89 cm
 u = 20,89 cm
 Das Trapez hat einen Umfang von 20,89 cm.

2 h = 0,5 cm · tan 78° = 2,35 cm; schräge Seiten: $\overline{AD} = \overline{BC} = \frac{0,5\ cm}{\cos 78°} \approx 2{,}40$ cm
 Flächeninhalt: $A = \frac{6\ cm + 7\ cm}{2} \cdot 2{,}35\ cm = 15{,}275\ cm^2$
 Umfang: u = 6 cm + 7 cm + 2 · 2,40 cm = 17,8 cm

3
a h = d · sin α = 3 cm · sin 48° = 2,23 cm
 $A = \frac{4{,}2\ cm + 1{,}2\ cm}{2} \cdot 2{,}23\ cm = 6{,}02\ cm^2$
b h = b · sin β = 3,0 cm · sin 64° = 2,70 cm
 rechter Abschnitt auf a
 a_1 = b · cos β = 3,0 cm · cos 64° = 1,32 cm
 $d = \frac{h}{\sin \alpha} = \frac{2{,}70\ cm}{\sin 40°} = 4{,}2\ cm$
 linker Abschnitt auf a:
 a_2 = d · cos α = 4,2 cm · cos 40° = 3,22 cm
 c = a − a_1 − a_2 = 1,46 cm
 $A = \frac{6\ cm + 1{,}46\ cm}{2} \cdot 2{,}7\ cm = 10{,}07\ cm^2$

4
a $\overline{BC}$ = 4,9 cm · cos 56° ≈ 2,74 cm; $\overline{AC}$ = 4,9 cm · sin 56° ≈ 4,06 cm
 Teilwinkel des Winkels bei A im oberen Dreieck: α' = 46°
 $\overline{CD}$ = 4,06 cm · sin 46° ≈ 2,92 cm; $\overline{AD}$ = 4,06 cm · cos 46° ≈ 2,82 cm
 $A = \frac{1}{2} \cdot (\overline{AC} \cdot \overline{BC} + \overline{AD} \cdot \overline{DC}) = 9{,}69\ cm^2$
b $\overline{AE} = \frac{2{,}2\ cm}{\tan 29°} \approx 3{,}97$ cm
 $\overline{BD}$ = 3,3 cm · tan 23° ≈ 1,40 cm
 $A = \frac{1}{2} \cdot (\overline{AB} \cdot \overline{AE} + \overline{CD} \cdot \overline{BD}) = 6{,}68\ cm^2$
c $\overline{AE}$ = 2,6 cm · cos 57° ≈ 1,42 cm
 $\overline{DE}$ = 2,6 cm · sin 57° ≈ 2,18 cm
 $\overline{BE}$ = 3,9 cm − $\overline{AE}$ = 2,48 cm
 $A = \frac{1}{2} \cdot \overline{DE} \cdot \overline{AE} + \frac{\overline{DE} + 3\ cm}{2} \cdot \overline{BE} = 7{,}97\ cm^2$

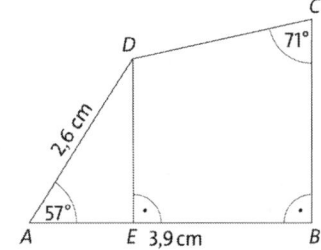

4 Trigonometrie

5

a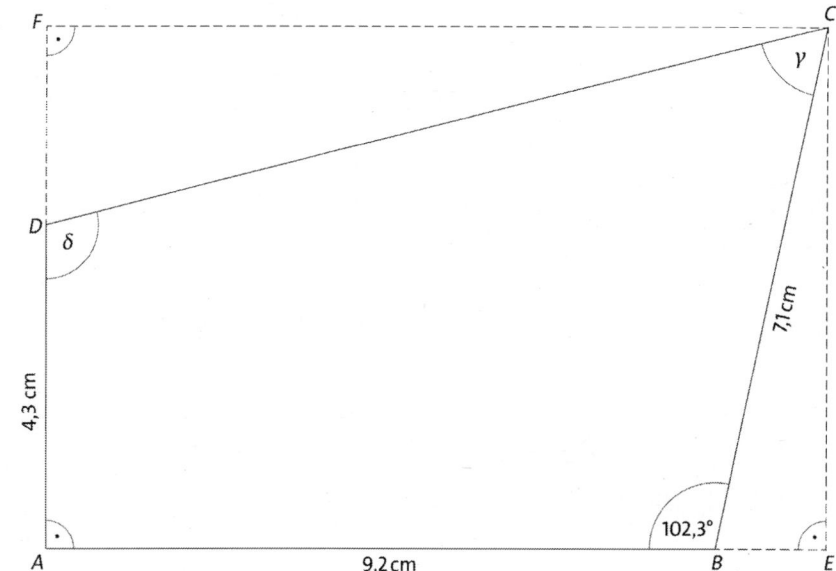

Berechnung durch Ergänzen: $\overline{BE} = 7{,}1 \text{ cm} \cdot \cos 77{,}7° \approx 1{,}51 \text{ cm}$; $\overline{CE} = 7{,}1 \text{ cm} \cdot \sin 77{,}7° \approx 6{,}94 \text{ cm}$
$\overline{AF} = \overline{CE} = 6{,}94 \text{ cm}$; $\overline{DF} = \overline{AF} - 4{,}3 \text{ cm} = 2{,}64 \text{ cm}$; $\overline{CF} = \overline{AE} = \overline{AB} + \overline{BE} = 10{,}71 \text{ cm}$
Rechteck AECF: $A_R = 74{,}33 \text{ cm}^2$; Viereck ABCD: $A = A_R - \frac{1}{2} \cdot \overline{DF} \cdot \overline{CF} - \frac{1}{2} \cdot \overline{BE} \cdot \overline{CE} = \mathbf{54{,}95 \text{ cm}^2}$

b $\tan \gamma' = \frac{2{,}64 \text{ cm}}{10{,}71 \text{ cm}}$; $\gamma' \approx 13{,}83°$; $\overline{CD} = \frac{10{,}71 \text{ cm}}{\cos 13{,}83°} \approx 11{,}03 \text{ cm}$
$u = \mathbf{31{,}63 \text{ cm}}$

6 $h = \frac{A}{a} = 5 \text{ cm}$
$\overline{AD} = \frac{5 \text{ cm}}{\sin 50°} \approx 6{,}53 \text{ cm}$
$u = \mathbf{28{,}05 \text{ cm}}$

7 $\sin \frac{\delta}{2} = \frac{\frac{1}{2}\overline{AC}}{\overline{AD}}$; damit $\delta = \mathbf{35{,}8°}$
$\overline{AB} = \frac{\frac{1}{2}\overline{AC}}{\sin\frac{\beta}{2}} \approx 3{,}81 \text{ cm}$
$u = \mathbf{23{,}22 \text{ cm}}$

8 $\overline{CD} = 4{,}5 \text{ cm} \cdot \cos 27{,}3° \approx 4{,}00 \text{ cm}$
$\overline{AD} = \overline{CD} = 4{,}0 \text{ cm}$
$\overline{DE} = 4{,}5 \text{ cm} \cdot \sin 27{,}3° \approx 2{,}06 \text{ cm}$
$\overline{AE} = \overline{AD} - \overline{DE} = 1{,}93 \text{ cm}$
Im Dreieck ABE: $\overline{BE} = \mathbf{4{,}44 \text{ cm}}$

Seite 89

9 $h = 0{,}7 \text{ cm} \cdot \tan 60° \approx 1{,}21 \text{ cm}$
$A = \frac{a+c}{2} \cdot h = \frac{2c+1{,}4 \text{ cm}}{2} \cdot 1{,}21 \text{ cm} = 2{,}70 \text{ cm}^2$
daraus: $c = \mathbf{1{,}53 \text{ cm}}$

4.4 Vielecke

10 $\varepsilon = 45°$
$\overline{DF} = 2{,}5 \text{ cm} \cdot \sin 45° \approx 1{,}77 \text{ cm}$
$\overline{EF} = 2{,}5 \text{ cm} \cdot \cos 45° \approx 1{,}77 \text{ cm}$
$\gamma = 55°$
$\overline{BG} = 2{,}1 \text{ cm} \cdot \sin 55° \approx 1{,}72 \text{ cm}$
$\overline{CG} = 2{,}1 \text{ cm} \cdot \cos 55° \approx 1{,}21 \text{ cm}$
$A_{\text{Rechteck}} = 4{,}5 \text{ cm} \cdot \overline{BG} = 7{,}74 \text{ cm}^2$
oberes Dreieck:
$A_{\text{Dreieck1}} = \frac{1}{2} \cdot \overline{DF} \cdot \overline{EF} = 1{,}56 \text{ cm}^2$
unteres Dreieck:
$A_{\text{Dreieck2}} = \frac{1}{2} \cdot \overline{BG} \cdot \overline{CG} = 1{,}04 \text{ cm}^2$
$\mathbf{A} = A_{\text{Rechteck}} + A_{\text{Dreieck1}} + A_{\text{Dreieck2}} = \mathbf{10{,}34 \text{ cm}^2}$

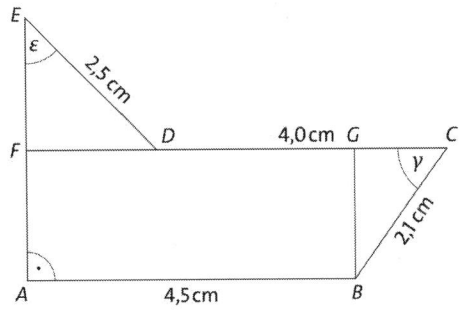

11 $\varepsilon_1 = \varepsilon - 90° = 42°$
$\beta_1 = \beta - 90° = 26°$
$\overline{EF} = 24{,}5 \text{ cm} \cdot \cos 42° \approx 18{,}21 \text{ cm}$
$\overline{BF} = 37{,}3 \text{ cm} \cdot \cos 26° \approx 33{,}53 \text{ cm}$
$\overline{CD} = \overline{BE} = \overline{EF} + \overline{BF} = \mathbf{51{,}73 \text{ cm}}$

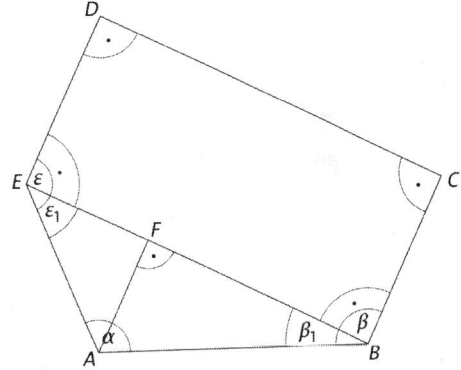

12 $\alpha_1 = 90° - \varepsilon = 34°$
$\alpha_2 = 90° - \alpha_1 = 56°$
$\overline{AD} = 5{,}3 \text{ cm} \cdot \cos 56° \approx 2{,}96 \text{ cm}$
$\overline{AC} = \overline{AD} + \overline{CD} = 6{,}36 \text{ cm}$
$\overline{CF} = \overline{AC} \cdot \sin 56° \approx \mathbf{5{,}28 \text{ cm}}$

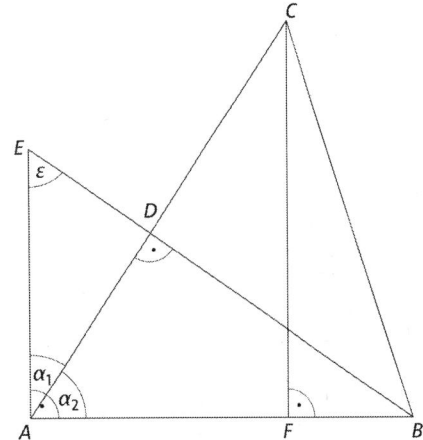

4 Trigonometrie

13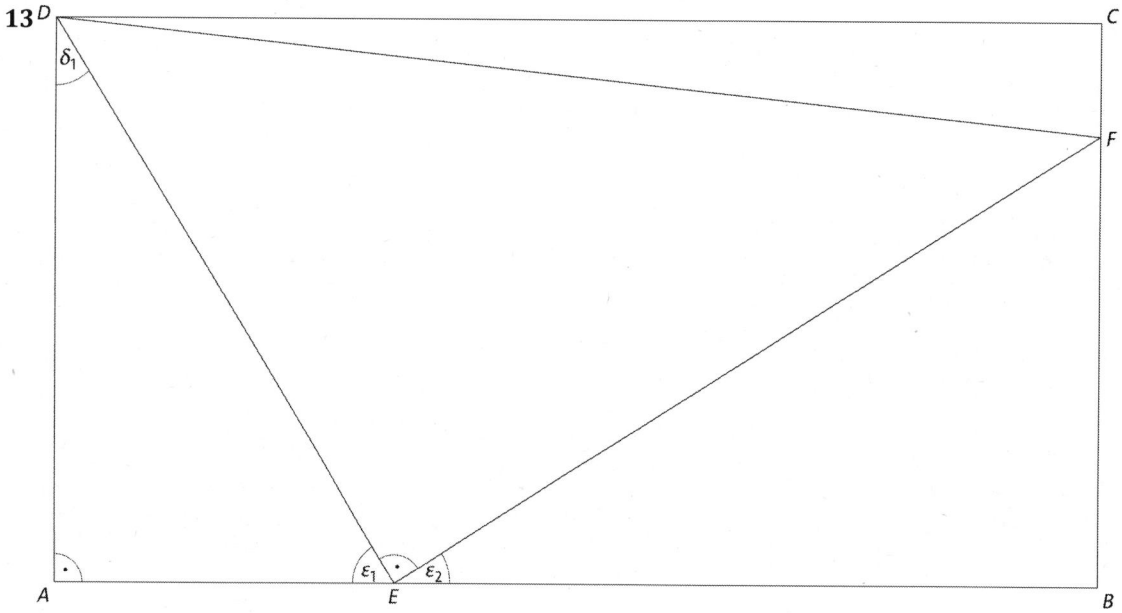

a $\varepsilon_1 = 90° - \delta_1 = 58°$; $\varepsilon_2 = 90° - \varepsilon_1 = 32°$
$\overline{DE} = \frac{7{,}5\ \text{cm}}{\cos 32°} \approx 8{,}84\ \text{cm}$
aus dem Flächeninhalt: $\overline{EF} = 11{,}31\ \text{cm}$
$\overline{AE} = 8{,}84\ \text{cm} \cdot \sin 32° \approx 4{,}69\ \text{cm}$
$\overline{BE} = 11{,}31\ \text{cm} \cdot \cos 32° \approx 9{,}59\ \text{cm}$
$\overline{AB} = 14{,}28\ \text{cm}$

b $A_{\text{Rechteck}} = 107{,}1\ \text{cm}^2$
$A_{\text{grau}} = 107{,}1\ \text{cm}^2 - 50\ \text{cm}^2 = 57{,}1\ \text{cm}^2$
$p = \frac{A_{\text{graue Fläche}}}{A_{\text{Rechteck}}} = \frac{57{,}1}{107{,}1} \approx 0{,}533$
Etwa 53,3 % der Rechteckfläche ist grau hinterlegt.

14 $\overline{AF} = 4{,}3\ \text{m} \cdot \cos 54° \approx 2{,}53\ \text{m}$
$\overline{BF} = 4{,}3\ \text{m} \cdot \sin 54° \approx 3{,}48\ \text{m}$
$A_{ABF} = \frac{1}{2} \cdot \overline{AF} \cdot \overline{BF} = 4{,}40\ \text{m}^2$
$A_{BCDF} = \overline{BF} \cdot 3\ \text{m} = 10{,}44\ \text{m}^2$;
$A_{DEF} = 17{,}9\ \text{m}^2 - A_{BCDF} - A_{ABF} = 3{,}07\ \text{m}^2$
daraus $\overline{EF} = 2{,}04\ \text{cm}$
$\tan \delta = \frac{2{,}04}{3}$, also $\delta = 34{,}2°$
$\overline{DE} = \frac{3\ \text{cm}}{\cos 34{,}2°} \approx 3{,}63\ \text{cm}$

15

a Das Viereck wird zum Rechteck ergänzt.
$A_{\text{Rechteck}} = 6\ \text{LE} \cdot 7\ \text{LE} = 42\ \text{FE}$
$A_1 = \frac{1}{2} \cdot 6\ \text{LE} \cdot 2\ \text{LE} = 6\ \text{FE}$
$A_2 = \frac{1}{2} \cdot 2\ \text{LE} \cdot 5\ \text{LE} = 5\ \text{FE}$
$A_3 = \frac{1}{2} \cdot 4\ \text{LE} \cdot 4\ \text{LE} = 8\ \text{FE}$
$A_{\text{Viereck}} = 42\ \text{FE} - 6\ \text{FE} - 5\ \text{FE} - 8\ \text{FE} = \mathbf{23\ FE}$

b Schnittpunkt von $\overline{AB}$ mit der y-Achse: $S_1(0|2)$
$\tan \alpha = \frac{3}{1}$, also $\alpha = 71{,}6°$
Schnittpunkt von $\overline{CD}$ mit der y-Achse: $S_1(0|7)$
$\tan \alpha = \frac{1}{1}$, also $\alpha = 45°$

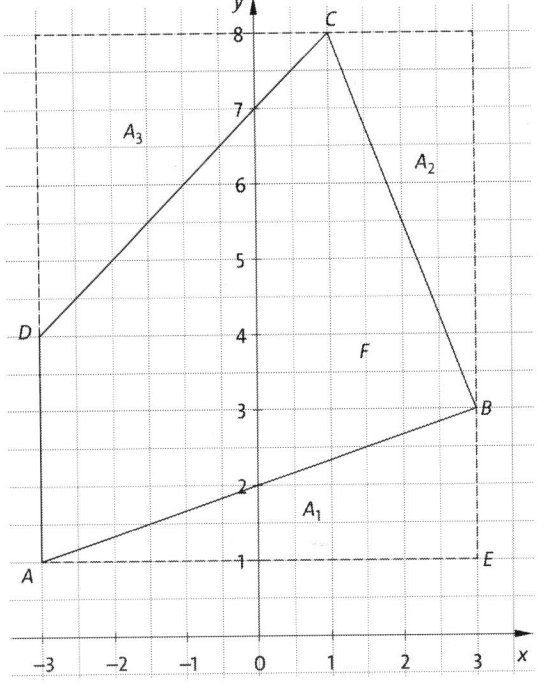

16 $\overline{AB} = 9{,}0\ \text{cm};\ \overline{AD} = 7{,}1\ \text{cm};\ \beta = 63°$
$\overline{CF} = \overline{AD} = 7{,}1\ \text{cm}$
$\overline{BF} = \frac{7{,}1\ \text{cm}}{\tan 63°} \approx 3{,}62\ \text{cm}$
$\overline{CD} = \overline{AB} - \overline{BF} = 5{,}38\ \text{cm}$
$A_{\text{Trapez}} = 51{,}05\ \text{cm}^2$
$A_{\text{Dreieck}} = 25{,}53\ \text{cm}^2$
$h_{\text{Dreieck}} = \overline{EG} = 5{,}67\ \text{cm}$
$\overline{BG} = \frac{5{,}67\ \text{cm}}{\tan 63°} \approx 2{,}90\ \text{cm}$
$\overline{AG} = \overline{AB} - \overline{BG} = 6{,}10\ \text{cm}$
$\tan \alpha = \frac{5{,}67}{6{,}10}$, also $\alpha \approx \mathbf{42{,}9°}$

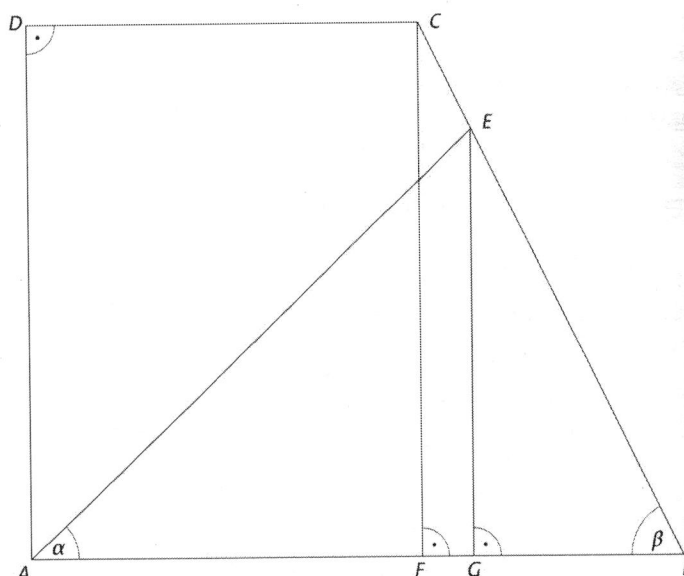

4 Trigonometrie

4.5 Rechnen mit besonderen Werten und mit Variablen

Seite 91

Übungsaufgaben

1
a $\quad a = e$
b $\quad b = 0{,}5e$
c $\quad c = \dfrac{e}{2}\sqrt{2}$
d $\quad c = 2e$

2 Lange Seite: $l = 3e + 2 \cdot 2e \cdot \cos 60° = 3e + 2 \cdot 2e \cdot 0{,}5 = 3e + 2e = 5e$
$u = 2e + 3e + 2e + 5e = 12e$

3
a $\quad x = \dfrac{e}{\sin 60°} = \dfrac{e}{\frac{1}{2}\sqrt{3}} = \dfrac{2}{3}e\sqrt{3}$
b $\quad x = 2e \cdot \cos 30° = 2e \cdot \dfrac{1}{2}\sqrt{3} = e\sqrt{3}$

4
① Da in einem gleichseitigen Dreieck alle Seiten gleich lang sind, ist das Doppelte von x gleich 4e. So kommt Emma einfach auf den Wert für x.
② Mit der allgemeinen Formel für die Höhe im gleichseitigen Dreieck kann Emma nun die Seitenlänge von y berechnen: Sie setzt die Länge der Grundseite (4e) ein und kürzt dann.

Seite 92

5
a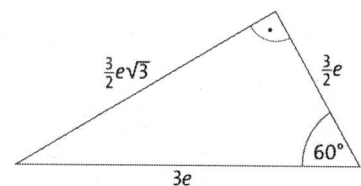

b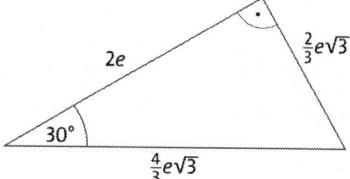

6
a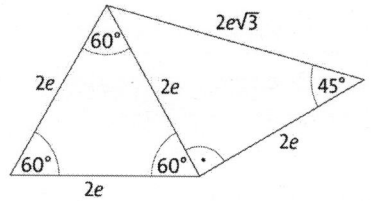

$u = 2e + 2e + 2e + \dfrac{2e}{\frac{1}{2}\sqrt{2}} = 2e(3 + \sqrt{2})$

Für $e = 3{,}40$ cm wird der Umfang 30 cm.

b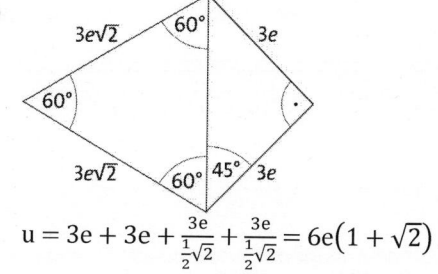

$u = 3e + 3e + \dfrac{3e}{\frac{1}{2}\sqrt{2}} + \dfrac{3e}{\frac{1}{2}\sqrt{2}} = 6e(1 + \sqrt{2})$

Für $e = 2{,}07$ cm wird der Umfang 30 cm

4.5 Rechnen mit besonderen Werten und Variablen

7 $x = \frac{16}{9}e = 1\frac{7}{9}e$

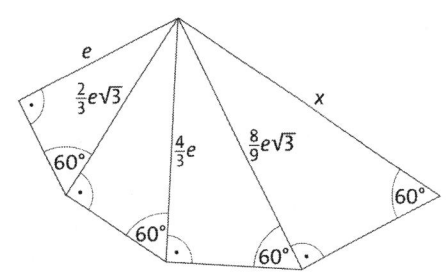

8 $a_1 = e\sqrt{2} \cdot \cos 45° = e\sqrt{2} \cdot \frac{1}{2}\sqrt{2} = e$

$h = a_1 = e$

$a_2 = \frac{e}{\tan 60°} = \frac{e}{\sqrt{3}} = \frac{\sqrt{3}}{3}e$

$b = \frac{e}{\sin 60°} = \frac{e}{\frac{1}{2}\sqrt{3}} = \frac{2}{3}e\sqrt{3}$

$u = e\left(\sqrt{2} + 1 + \frac{\sqrt{3}}{3} + \frac{2\sqrt{3}}{3}\right) = e\left(1 + \sqrt{2} + \sqrt{3}\right)$

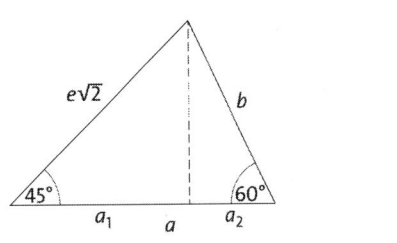

9 Im unteren Dreieck gilt: $\overline{AC} = \frac{e\sqrt{3}}{\cos 30°} = \frac{e\sqrt{3}}{\frac{1}{2}\sqrt{3}} = 2e$ und damit im oberen Dreieck $\overline{CD} = e$.

Also: $\tan \alpha = \frac{e}{2e} = \frac{1}{2}$.

10 $\overline{BE} = 2e\sqrt{3} \cdot \sin 30° = e\sqrt{3}$

$a = \overline{CE} = 2e\sqrt{3} \cdot \cos 30° = 2e\sqrt{3} \cdot \frac{1}{2}\sqrt{3} = 3e$

$\overline{AC} = 5e$

$A = 4e \cdot 3e + \frac{1}{2} \cdot e\sqrt{3} \cdot 3e = \left(12 + \frac{3\sqrt{3}}{2}\right)e^2$

$\sin \varepsilon = \frac{3e}{5e} = \frac{3}{5}$

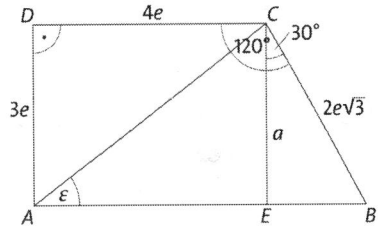

11 waagrechte Seite a: $a = \frac{e\sqrt{3}}{\cos 30°} = \frac{e\sqrt{3}}{\frac{1}{2}\sqrt{3}} = 2e$

Höhe h: $h = \frac{6e^2}{2e} = 3e$

schräge Seite b: $b = \frac{3e}{\sin 60°} = \frac{3e}{\frac{1}{2}\sqrt{3}} = 2e\sqrt{3}$

$u = 4e(1 + \sqrt{3})$

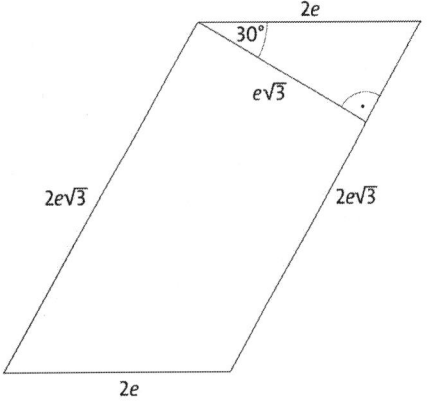

12

a Im rechten Dreieck kann man berechnen: $\overline{BF} = \overline{CF} = \overline{DE} = a$

$\overline{AE} = \frac{a}{\tan 60°} = \frac{a}{\sqrt{3}} = \frac{1}{3}a\sqrt{3}$

$\overline{AB} = \overline{AE} + \overline{EF} + \overline{BF} = \frac{1}{3}a\sqrt{3} + 2a + a = \frac{1}{3}a\sqrt{3} + 3a$

$A = \frac{\frac{1}{3}a\sqrt{3} + 3a + 2a}{2} \cdot a = \frac{1}{2}a^2 \cdot \left(5 + \frac{1}{3}\sqrt{3}\right)$ FE

12 *(Fortsetzung)*
b Mit a = 5,99 cm wird A = 100 cm²
c $\overline{AD} = \frac{a}{\sin 60°} = \frac{a}{\frac{1}{2}\sqrt{3}} = \frac{2}{3}a\sqrt{3}$
   $\overline{BC} = \frac{a}{\cos 45°} = \frac{a}{\frac{\sqrt{2}}{2}} = \sqrt{2}a$

   $u = a(5 + \sqrt{3} + \sqrt{2})$ LE

4.6 Die Sinusfunktion

Seite 93

1
a Die Schaufel macht eine Kreisbewegung: Sie bewegt sich entlang einer Kreisbahn gegen den Uhrzeigersinn, zunächst nach oben, dann wieder nach unten. Dies setzt sich immer fort. Die Höhe h der Schaufel über dem Bassin nimmt also zunächst zu, dann wieder ab. Wenn die Schaufel sich unterhalb des Bassinrandes befindet, ist die Höhe negativ.
b Man benötigt den Radius des Rades. Den Winkel, den die Verbindungslinie zwischen Schaufel und Drehachse mit der Waagrechten zu einem bestimmten Zeitpunkt bildet, kann man messen. Aus diesen beiden Größen berechnet man dann die Höhe zu diesem Zeitpunkt.
   Es gilt: $\sin \alpha = \frac{\text{Höhe der Schaufel}}{\text{Abstand der Schaufel zum Mittelpunkt}}$.

2 Mögliche Lösung:

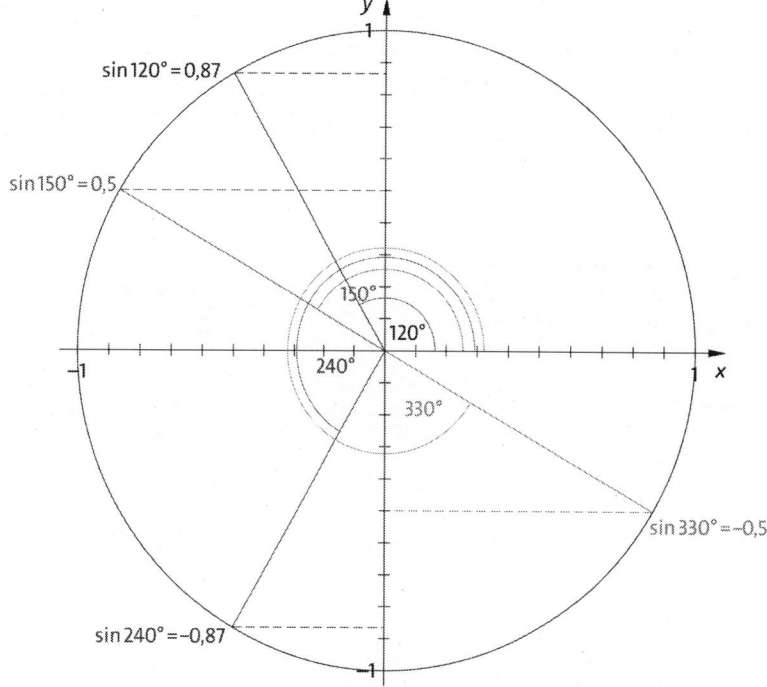

Der Sinuswert eines Winkels entspricht der Höhe des zugehörigen Radius. Da Winkel sowohl im I. als auch im II. Quadranten eingezeichnet werden können und immer zwei Winkel aus jedem dieser Quadraten auf die gleiche Höhe führen, gibt es zwei Winkel mit dem gleichen Sinuswert.

Seite 94

Übungsaufgaben

1
a sin 45° = sin 135°
b sin 230° = 310°
c sin 150° = sin 30°
d sin 200° = sin 340°
e sin 70° = sin 110°
f sin 300° = sin 240°

2 sin 90° = 1   sin 270° = −1   sin 180° = 0   sin 225° = sin 315°
sin 135° = sin 45°   sin 210° = −0,5

3
a

α	0°	30°	60°	90°	120°	150°	180°	210°	240°	270°	300°	330°	360°
y	0	0,5	0,87	1	0,87	0,5	0	−0,5	−0,87	−1	−0,87	−0,5	0

b
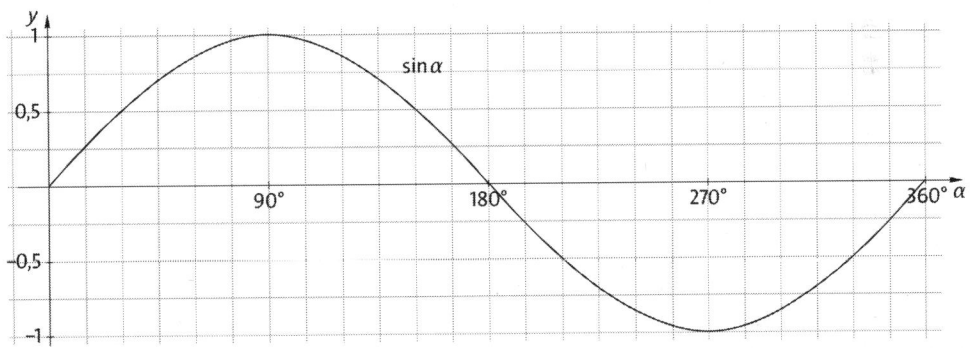

c Der Graph schneidet im betrachteten Bereich die x-Achse bei α = 0°, α = 180° und α = 360°.
d Im betrachteten Bereich hat die Sinusfunktion ihren größten Wert bei α = 90° und ihren kleinsten bei α = 270°.

e

α	390°	420°	450°
y	0,5	0,87	1

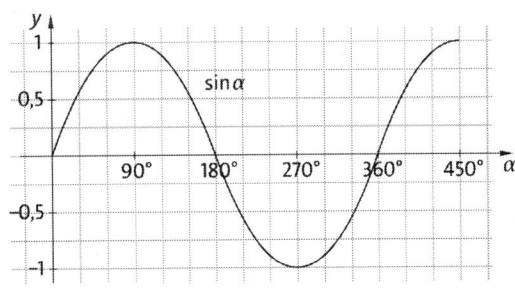

4 Trigonometrie

4

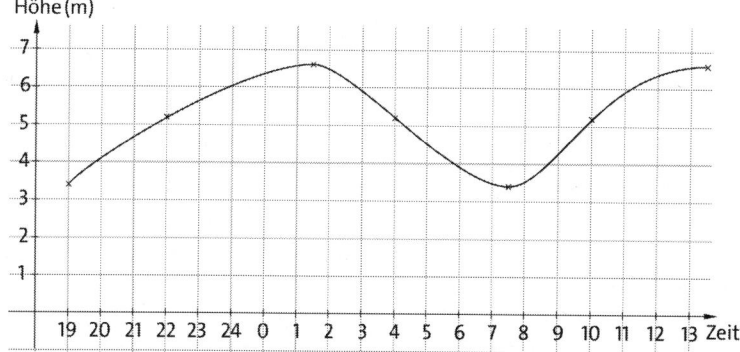

5

a

t	4 s	3 s	6 s	10 s
α	120°	90°	180°	300°

b Für die Höhe h über der Horizontalachse in Metern gilt in Abhängigkeit vom Winkel:

α	30°	60°	90°	120°	150°	180°
h (m)	15	≈ 26	30	≈ 26	15	0

α	210	240°	270°	300°	330°	360°
h (m)	–15	≈ –26	–30	≈ –26	–15	0

c Für die Höhe h über der Horizontalachse in Metern gilt in Abhängigkeit von der Zeit:

t(s)	0	1	2	3	4	5	6	7	8	9	10
h (m)	0	15	≈ 26	30	≈ 26	15	0	–15	≈ –26	–30	≈ –26

t(s)	11	12	13	14	15	16	17	18	19	20	21
h (m)	–15	0	15	≈ 26	30	≈ 26	15	0	–15	≈ –26	–30

t(s)	22	23	24	25	26	27	28	29	30
h (m)	≈ –26	–15	0	15	≈ 26	30	≈ 26	15	0

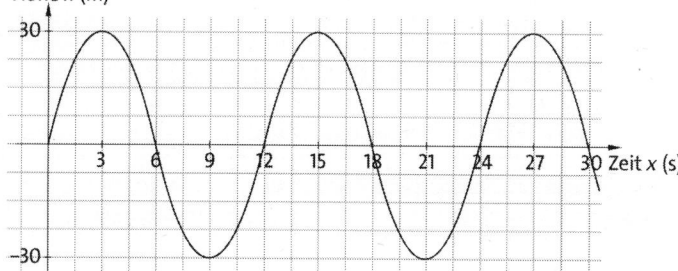

6

a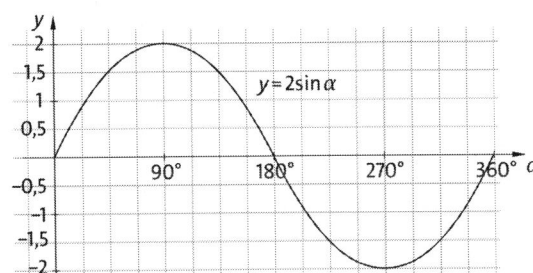

b Bei einem a < 1 wird der größte Wert der Sinusfunktion kleiner als 1, der Graph wird also niedriger.

c Der Graph wird um den Wert b entlang der y-Achse verschoben.

d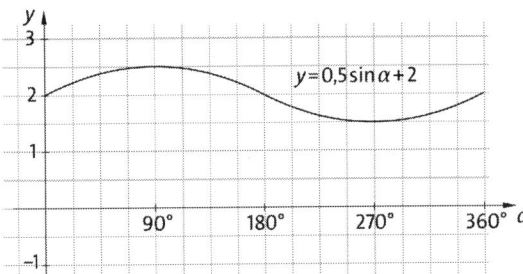

7

a Der Wert von a wird dann größer.

b Individuelle Lösungen. Beispiele sind die Darstellung eines musikalischen Tons, der Stand der Sonne, die Bewegung eines Riesenrads.

5 Körperberechnungen

5.1 Berechnungen in Pyramiden

Seite 104

1
a Eine Pyramide ist ein Körper mit Seitenkanten, der eine Spitze gegenüber einer Grundfläche hat.
b Diese Pyramide hat vier kongruente Flächen.
c Eine solche Pyramide, die aus vier gleichseitigen Dreiecken besteht, heißt Tetraeder oder Dreieckspyramide.
d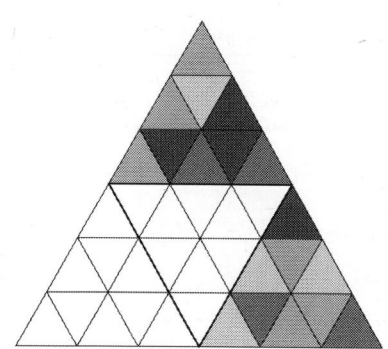

2
a $\tan 57{,}7° = \frac{h_S}{35{,}42\ \text{m}:2}$, also $h_S = 17{,}71\ \text{m} \cdot \tan 57{,}7° = 28{,}01\ \text{m}$
b $M = 4 \cdot \frac{1}{2} \cdot 35{,}42\ \text{m} \cdot h_S = 1984{,}54\ \text{m}^2$
c $h = \sqrt{h_S^2 - (17{,}71\ \text{m})^2} = 21{,}71\ \text{m}$
d $V = \frac{1}{3} \cdot (35{,}42\ \text{m})^2 \cdot h = 9077{,}42\ \text{m}^3$

Seite 105

Übungsaufgaben

1 Die Mantelfläche besteht aus vier Dreiecken.
Grundseite: $\cos 52° = \frac{a/2}{s}$, also $a = 2 \cdot 5\ \text{cm} \cdot \cos 52° = 6{,}16\ \text{cm}$
Höhe: $\sin 52° = \frac{h_S}{s}$, also $h_S = 5\ \text{cm} \cdot \sin 52° = 3{,}94\ \text{cm}$
Mantel: $M = 4 \cdot \frac{1}{2} a \cdot h_S = 48{,}51\ \text{cm}^2$

2
a $\cos 62° = \frac{a/2}{s}$, also $\mathbf{s = \frac{3\ \text{cm}}{\cos 62°} = 6{,}39\ \text{cm}}$
$\sin 62° = \frac{h_S}{s}$, also $\mathbf{h_S = 6{,}39\ \text{cm} \cdot \sin 62° = 5{,}64\ \text{cm}}$
$\mathbf{M = 4 \cdot \frac{1}{2} a \cdot h_S = 67{,}7\ \text{cm}^2}$
b $\tan 13{,}5° = \frac{a/2}{h_S}$, also $\mathbf{h_S = \frac{3{,}4\ \text{cm}}{\tan 13{,}5°} = 14{,}16\ \text{cm}}$
$h_S^2 = h^2 + \left(\frac{a}{2}\right)^2$, also $\mathbf{h = \sqrt{(14{,}16\ \text{cm})^2 - (3{,}4\ \text{cm})^2} = 13{,}75\ \text{cm}}$
$O = M + G = 4 \cdot \frac{1}{2} a \cdot h_S + a^2 = \mathbf{238{,}84\ \text{cm}^2}$
c $\sin 45° = \frac{h}{s}$, also $\mathbf{s = \frac{5{,}5\ \text{cm}}{\sin 45°} = 7{,}78\ \text{cm}}$; $\cos 45° = \frac{d/2}{s}$, also $\mathbf{\frac{d}{2} = 7{,}78\ \text{cm} \cdot \cos 45° = 5{,}5\ \text{cm}}$
$a^2 = 2 \cdot \left(\frac{d}{2}\right)^2$, also $\mathbf{a = \sqrt{2} \cdot 5{,}50\ \text{cm} = 7{,}78\ \text{cm}}$

2 *(Fortsetzung)*

d $h_S^2 = h^2 + \left(\frac{a}{2}\right)^2$, also $\mathbf{h_S} = \sqrt{(10{,}6 \text{ cm})^2 + (4{,}1 \text{ cm})^2} = \mathbf{11{,}37 \text{ cm}}$

$\tan\left(\frac{\gamma}{2}\right) = \frac{a/2}{h_S} = \frac{4{,}1}{11{,}37}$, also $\frac{\gamma}{2} = 19{,}84°$ und $\gamma = \mathbf{39{,}7°}$

$\cos\left(\frac{\gamma}{2}\right) = \frac{h_S}{s}$, also $s = \frac{h_S}{\cos 19{,}84°} = \mathbf{12{,}08 \text{ cm}}$

3

	a	h_S	h	s	δ	V
a	**17,06 cm**	11,3 cm	**7,41 cm**	**14,16 cm**	41°	**718,91 cm³**
b	9 cm	**5,71 cm**	**3,52 cm**	**7,27 cm**	38°	**94,93 cm³**
c	**6,04 cm**	**9,78 cm**	9,3 cm	**10,23 cm**	72°	**113,22 cm³**
d	7 cm	**8,29 cm**	**7,52 cm**	9 cm	65°	**122,74 cm³**
e	3 cm	**3,60 cm**	**3,27 cm**	**3,90 cm**	**65,4°**	9,8 cm³

4 Länge der Seitenkante von der Spitze bis zum roten Streckenzug: 8 cm
Länge einer Kante des roten Streckenzugs:
$a' = a \cdot \frac{8 \text{ cm}}{16 \text{ cm}} = 10 \text{ cm} \cdot \frac{1}{2} = 5 \text{ cm}$
Länge des Streckenzugs: $l = 4 \cdot a' = 20$ cm.

5 Für die Pyramide gilt:
$h_S = s \cdot \sin 74° = 9{,}2 \text{ cm} \cdot \sin 74° = 8{,}84 \text{ cm}$
$\frac{a}{2} = s \cdot \cos 74°$, also $a = 5{,}07$ cm
$h = \sqrt{h_S^2 - \left(\frac{a}{2}\right)^2} = \sqrt{(8{,}84 \text{ cm})^2 - (2{,}54 \text{ cm})^2} = 8{,}47 \text{ cm}$
Mit diesen Größen kann man nun das Volumen der beiden Körper berechnen:
Volumen des Holzklotzes: $V_H = a^2 \cdot h = 217{,}93 \text{ cm}^3$
Volumen der Pyramide: $V_P = \frac{1}{3} \cdot a^2 \cdot h = 72{,}64 \text{ cm}^3$
Das Volumen des Holzabfalls erhält man, indem man die Pyramide von dem Holzklotz abzieht:
Volumen des Holzabfalls: $V_{\text{Abfall}} = 145{,}29 \text{ cm}^3$

6 $\sin\frac{\gamma}{2} = \frac{a/2}{s}$, also $s = 8{,}81$ cm
$\frac{d}{2} = \frac{\sqrt{2}}{2} \cdot a = 5{,}66$ cm
$h = \sqrt{s^2 - \left(\frac{d}{2}\right)^2} = \sqrt{(8{,}81 \text{ cm})^2 - (5{,}66 \text{ cm})^2} = 6{,}75 \text{ cm}$
$V = \frac{1}{3} \cdot a^2 \cdot h = 144{,}08 \text{ cm}^3$

7 Für die Länge der Diagonalen gilt:
$\frac{d}{2} = \frac{\sqrt{2}}{2} \cdot a = 8{,}49$ cm
$h = \frac{d}{2} \cdot \tan\beta = 8{,}49 \text{ cm} \cdot \tan 47° = 9{,}10 \text{ cm}$
$V = \frac{1}{3} \cdot a^2 \cdot h = 436{,}77 \text{ cm}^3$

5 Körperberechnungen

8

a $h_S = 2e \cdot \tan 60° = 2e\sqrt{3}$

$h = \sqrt{h_S^2 - \left(\frac{a}{2}\right)^2} = \sqrt{(2\sqrt{3}e)^2 - (2e)^2} = 2e\sqrt{2}$

$O = 4 \cdot \frac{1}{2} \cdot 4e \cdot 2e\sqrt{3} + (4e)^2 = 16e^2(\sqrt{3} + 1)$

$V = \frac{1}{3} \cdot (4e)^2 \cdot 2e\sqrt{2} = \frac{32}{3}e^3\sqrt{2}$

b $h = 6e \cdot \tan 30° = 2e\sqrt{3}$

$h_S = \sqrt{h^2 + \left(\frac{a}{2}\right)^2} = \sqrt{(2\sqrt{3}e)^2 + (6e)^2} = 4e\sqrt{3}$

$O = 4 \cdot \frac{1}{2} \cdot 12e \cdot 4\sqrt{3}e + (12e)^2 = 48e^2(2\sqrt{3} + 3)$

$V = \frac{1}{3} \cdot (12e)^2 \cdot 2\sqrt{3}e = 96e^3\sqrt{3}$

Regelmäßige n-Eck-Pyramiden

Seite 106

9

a $h_D = \frac{a}{2} : \tan 36° = 8{,}95 \text{ cm}$

$h_S = \sqrt{h_D^2 + h^2} = \sqrt{(8{,}95 \text{ cm})^2 + (21{,}2 \text{ cm})^2} = 23{,}01 \text{ cm}$

$G = 5 \cdot \frac{1}{2} \cdot a \cdot h_D = 290{,}88 \text{ cm}^2$

$V = \frac{1}{3} \cdot G \cdot h = 2054{,}71 \text{ cm}^3$

$O = G + 5 \cdot \frac{1}{2} \cdot a \cdot h_S = 1038{,}60 \text{ cm}^2$

b $\frac{a}{2} = \sqrt{s^2 - h_S^2} = \sqrt{(15{,}5 \text{ cm})^2 - (13{,}8 \text{ cm})^2} = 7{,}06 \text{ cm}$, also $a = 14{,}12 \text{ cm}$

$h_D = \frac{a}{2} : \tan 36° = 9{,}71 \text{ cm}$

$h = \sqrt{h_S^2 - h_D^2} = \sqrt{(13{,}8 \text{ cm})^2 - (9{,}72 \text{ cm})^2} = 9{,}80 \text{ cm}$

$G = 5 \cdot \frac{1}{2} \cdot a \cdot h_D = 342{,}79 \text{ cm}^2$

$V = \frac{1}{3} \cdot G \cdot h = 1120{,}00 \text{ cm}^3$

$O = G + 5 \cdot \frac{1}{2} \cdot a \cdot h_S = 829{,}76 \text{ cm}^2$

10 Aus dem angegebenen Winkel kann man schließen, dass es sich bei der Grundfläche um ein regelmäßiges Fünfeck mit der Kantenlänge a = 7,5 cm handelt.

$h_D = \frac{a}{2} : \tan 36° = 5{,}16 \text{ cm}$

$G = 5 \cdot \frac{1}{2} \cdot a \cdot h_D = 96{,}78 \text{ cm}^2$

$V = \frac{1}{3} \cdot G \cdot h = 403{,}24 \text{ cm}^3$

11

a $h_D = \sqrt{a^2 - \left(\frac{a}{2}\right)^2} = \frac{\sqrt{3}}{2}a = 5{,}98 \text{ cm}$

$G = \frac{1}{2} \cdot a \cdot h_D = 20{,}62 \text{ cm}^2$

$M = 3 \cdot \frac{1}{2} \cdot a \cdot h_S = 179{,}06 \text{ cm}^2$

$O = G + M = 199{,}67 \text{ cm}^2$

5.1 Berechnungen in Pyramiden

11 *(Fortsetzung)*
b $\frac{h_D}{3} = \sqrt{h_S^2 - h^2} = \sqrt{(37{,}4\ \text{cm})^2 - (16{,}3\ \text{cm})^2} = 33{,}66\ \text{cm}$, also $h_D = 100{,}98\ \text{cm}$
$a = \frac{2\sqrt{3}}{3} h_D = 116{,}61\ \text{cm}$
$G = \frac{1}{2} \cdot a \cdot h_D = 5887{,}60\ \text{cm}^2$
$M = 3 \cdot \frac{1}{2} \cdot a \cdot h_S = 6541{,}35\ \text{cm}^2$
$O = G + M = 12\,428{,}95\ \text{cm}^2$

12
a $h_D = \frac{a}{2} : \tan 30° = 3{,}90\ \text{cm}$
$h_S = \sqrt{s^2 - \left(\frac{a}{2}\right)^2} = \sqrt{(9{,}2\ \text{cm})^2 - (2{,}25\ \text{cm})^2} = 8{,}92\ \text{cm}$
$h = \sqrt{h_S^2 - h_D^2} = \sqrt{(8{,}92\ \text{cm})^2 - (3{,}90\ \text{cm})^2} = 8{,}02\ \text{cm}$
$G = 6 \cdot \frac{1}{2} \cdot a \cdot h_D = 52{,}61\ \text{cm}^2$
$V = \frac{1}{3} \cdot G \cdot h = 140{,}72\ \text{cm}^3$
b $h_D = \sqrt{h_S^2 - h^2} = \sqrt{(11{,}1\ \text{cm})^2 - (7{,}2\ \text{cm})^2} = 8{,}45\ \text{cm}$
$\frac{a}{2} = h_D \cdot \tan 30° = 4{,}88\ \text{cm}$, also $a = 9{,}75\ \text{cm}$
$G = 6 \cdot \frac{1}{2} \cdot a \cdot h_D = 247{,}23\ \text{cm}^2$
$V = \frac{1}{3} \cdot G \cdot h = 593{,}36\ \text{cm}^3$

13 Berechnung der Grundfläche G:
$h_D = \frac{a}{2} : \tan 22{,}5° = 28{,}73\ \text{cm}$
$h = \sqrt{h_S^2 - h_D^2} = \sqrt{(34{,}5\ \text{cm})^2 - (28{,}73\ \text{cm})^2} = 19{,}10\ \text{cm}$
$G = 8 \cdot \frac{1}{2} \cdot a \cdot h_D = 2735{,}10\ \text{cm}^2$
Damit gilt für das Volumen:
$V = \frac{1}{3} \cdot G \cdot h = 17\,414{,}75\ \text{cm}^3$

14 Aus der Mantelfläche wird die Seitenkante a berechnet:
$M = 10 \cdot \frac{1}{2} \cdot a \cdot h_S = 553{,}5\ \text{cm}^2$, also $a = 7{,}38\ \text{cm}$
$h_D = \frac{a}{2} : \tan 18° = 11{,}36\ \text{cm}$
Grundfläche G der Pyramide:
$G = 10 \cdot \frac{1}{2} \cdot a \cdot h_D = 419{,}06\ \text{cm}^2$
$O = M + G = 972{,}56\ \text{cm}^2$
$h = \sqrt{h_S^2 - h_D^2} = \sqrt{(15\ \text{cm})^2 - (11{,}36\ \text{cm})^2} = 9{,}80\ \text{cm}$

15 Seitenkante der Grundfläche: $a = 297\ \text{mm} : 4 = 74{,}25\ \text{mm}$
Dreieckshöhe h_D der Dreiecke, die die Grundfläche bilden:
$h_D = \frac{a}{2} : \tan 22{,}5° = 89{,}63\ \text{mm}$
$G = 8 \cdot \frac{1}{2} \cdot a \cdot h_D = 26\,620{,}11\ \text{mm}^2$
Höhe der Seitendreiecke: $h_S = 210\ \text{mm}$
$h = \sqrt{(210\ \text{mm})^2 - (89{,}63\ \text{mm})^2} = 189{,}91\ \text{mm}$
$V = \frac{1}{3} \cdot G \cdot h$
$= 1\,685\,123{,}07\ \text{mm}^3 = 1685{,}12\ \text{cm}^3$

5 Körperberechnungen

5.2 Mantel und Oberfläche des Kegels

Seite 107

1 Alle diese Gegenstände haben eine kreisförmige Grundfläche und laufen spitz zu. Die Spitze befindet sich über dem Mittelpunkt des Kreises, der die Grundfläche bildet. Man nennt diese Form Kegel. Weitere kegelförmige Gegenstände sind beispielsweise Schultüten, Flüstertüten, Dächer von Türmen oder Spielkreisel.

2
a Der Kreisbogen b wird der Umfang der Grundfläche des Kegels.
b Schmal und hoch: b möglichst klein und h möglichst groß
Verwendet wird also der Viertelkreis und mit möglichst großem Radius.
Breit und niedrig: b möglichst groß und h möglichst klein.
Verwendet wird also der Halbkreis und mit möglichst kleinem Radius.
c Ja, denn es gilt: b = 2πr, daraus kann r berechnet werden.

Übungsaufgaben

Seite 108

1
$s = \sqrt{h^2 + r^2} = \sqrt{(10\text{ cm})^2 + (6\text{ cm})^2} = 11{,}66\text{ cm}$
$M = \pi \cdot r \cdot s = 219{,}82\text{ cm}^2$
$O = M + \pi r^2 = 332{,}92\text{ cm}^2$

2

a
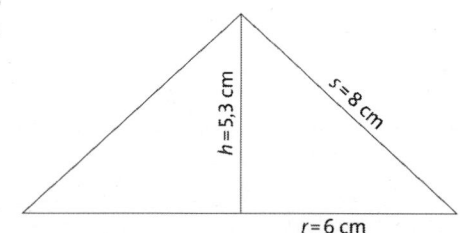

b $M = \pi \cdot 6\text{ cm} \cdot 8\text{ cm} = 150{,}80\text{ cm}^2$
$O = M + \pi \cdot (6\text{ cm})^2 = 263{,}89\text{ cm}^2$

3 Individuelle Lösungen für die Abschätzungen.
a $M = \pi \cdot 4\text{ cm} \cdot 5\text{ cm} = 62{,}83\text{ cm}^2$; $O = M + \pi \cdot (5\text{ cm})^2 = 141{,}37\text{ cm}^2$
b $M = \pi \cdot 2{,}5\text{ cm} \cdot 4{,}2\text{ cm} = 32{,}99\text{ cm}^2$; $O = M + \pi \cdot (4{,}2\text{ cm})^2 = 88{,}40\text{ cm}^2$
c $M = \pi \cdot 10\text{ cm} \cdot 7{,}5\text{ cm} = 235{,}62\text{ cm}^2$; $O = M + \pi \cdot (7{,}5\text{ cm})^2 = 412{,}33\text{ cm}^2$

4 Der Zeichnung entnimmt man: s = 14 cm, r = 3 cm.
Mantelfläche einer Waffel: $M = \pi \cdot 14\text{ cm} \cdot 3\text{ cm} = 131{,}95\text{ cm}^2$
Da sich 10 % des Teigs überlappen, benötigt man 10 % mehr Teig für eine Waffel, also 145,14 cm².
Für eine Hunderterpackung braucht man damit 14 514,16 cm² = 1,45 m² Teig.

5.2 Mantel und Oberfläche des Kegels

5

a $s = \sqrt{h^2 + r^2} = \sqrt{(12{,}7\text{ cm})^2 + (9{,}3\text{ cm})^2} = 15{,}74\text{ cm}$
$M = \pi \cdot 12{,}7\text{ m} \cdot 15{,}74\text{ m} = 628{,}04\text{ m}^2$; $O = M + \pi \cdot (12{,}7\text{ m})^2 = 1134{,}75\text{ m}^2$

b $G = \pi \cdot r^2 = 706{,}9\text{ cm}^2$, daraus: $r = 15\text{ cm}$
$s = \sqrt{h^2 + r^2} = \sqrt{(37\text{ cm})^2 + (15\text{ cm})^2} = 39{,}92\text{ cm}$
$M = \pi \cdot 15\text{ cm} \cdot 39{,}92\text{ cm} = 1881{,}42\text{ cm}^2$; $O = M + \pi \cdot (15\text{ cm})^2 = 2588{,}328\text{ cm}^2$

6

a $M = \pi \cdot r \cdot s = 612{,}6\text{ cm}^2$, daraus $s = 15\text{ cm}$
$h = \sqrt{s^2 - r^2} = \sqrt{(15\text{ cm})^2 - (13\text{ cm})^2} = 7{,}48\text{ cm}$

b $O = M + \pi \cdot (16{,}7\text{ cm})^2 = 3054{,}53\text{ m}^2$, daraus $M = 2178{,}37\text{ m}^2$
$M = \pi \cdot r \cdot s = 2178{,}37\text{ m}^2$, daraus $s = 41{,}52\text{ m}$
$h = \sqrt{s^2 - r^2} = \sqrt{(41{,}52\text{ m})^2 - 16{,}7\text{ m})^2} = 38{,}01\text{ m}$

7 $M = \pi \cdot s^2 \cdot \frac{250°}{360°} = 218{,}17\text{ cm}^2$; $b = 2 \cdot \pi \cdot s \cdot \frac{250°}{360°} = 43{,}63\text{ cm}$
b entspricht dem Umfang des Grundkreises, also $2 \cdot \pi \cdot r = 43{,}63\text{ cm}$, daraus $r = 6{,}94\text{ cm}$
$O = M + \pi \cdot (6{,}94\text{ cm})^2 = 369{,}67\text{ cm}^2$

8

	r	h	s	δ	γ	O
a	5,32 cm	3,73 cm	6,5 cm	35°	110°	197,79 cm²
b	4,23 cm	8,3 cm	9,32 cm	63°	54°	179,95 cm²
c	3,8 cm	4,96 cm	6,25 cm	52,6°	74,9°	120 cm²

9

a $O = \pi \cdot 12\text{ cm} \cdot r + \pi \cdot r^2 = 407{,}83\text{ cm}^2$
$r^2 + 12r - 129{,}82 = 0$, daraus $r = 6{,}88\text{ cm}$

b $O = \pi \cdot 6{,}9\text{ m} \cdot r + \pi \cdot r^2 = 123{,}21\text{ m}^2$
$r^2 + 6{,}9r - 39{,}22 = 0$, daraus $r = 3{,}7\text{ cm}$
Rechnerisch ergibt sich noch eine negative Lösung, die ist im Sachzusammenhang nicht sinnvoll.

10

a $s = 7{,}9\text{ cm}$; $r = 7{,}9\text{ cm} \cdot \cos 35° = 6{,}47\text{ cm}$
$M = \pi \cdot 6{,}47\text{ cm} \cdot 7{,}9\text{ cm} = 160{,}60\text{ cm}^2$
$O = M + \pi \cdot (6{,}47\text{ cm})^2 = 292{,}11\text{ cm}^2$

b $r = 6{,}3\text{ cm} \cdot \tan 30° = 3{,}64\text{ cm}$; $s = \frac{6{,}3\text{ cm}}{\cos 30°} = 7{,}27\text{ cm}$
$M = \pi \cdot s \cdot r = 83{,}13\text{ cm}^2$
$O = M + \pi \cdot r^2 = 124{,}69\text{ cm}^2$

11

a $r = 3e$, $s = 5e$; $M = \pi \cdot 5e \cdot 3e = 15\pi e^2$
$O = M + \pi \cdot (3e)^2 = 24\pi e^2$

b $r = \sqrt{2}e$, $s = 2e$; $M = \pi \cdot 2e \cdot \sqrt{2}e = 2\pi e^2 \sqrt{2}$
$O = M + \pi \cdot (\sqrt{2}e)^2 = 2\pi e^2(\sqrt{2} + 1)$

5 Körperberechnungen

12 s = a = 9 cm; Öffnungswinkel des Mantels: $\sin\frac{\alpha}{2} = \frac{a/2}{a} = \frac{1}{2}$, also $\frac{\alpha}{2} = 30°$, $\alpha = 60°$

Bogenlänge: $b = 2\pi a \frac{60°}{360°} = 9{,}425$ cm, aus $b = 2\pi r$ folgt dann $r = 1{,}5$ cm

$h = \sqrt{s^2 - r^2} = \sqrt{(9\text{ cm})^2 - (1{,}5\text{ cm})^2} = 8{,}87$ cm

$M = \pi \cdot 9$ cm $\cdot 1{,}5$ cm $= 42{,}41$ cm²; $O = M + \pi \cdot (1{,}5\text{ cm})^2 = 49{,}48$ cm²

5.3 Volumen des Kegels

Seite 109

1 Das Volumen eines Kegels beträgt ein Drittel des Volumens, das ein Zylinder mit gleichem Radius und gleicher Höhe hat.

Übungsaufgaben

1 $V = \frac{1}{3} \cdot \pi \cdot (5\text{ cm})^2 \cdot 20\text{ cm} = 523{,}60$ cm³

2 $r = \sqrt{\frac{3 \cdot 1000 \text{cm}^3}{\pi \cdot 25 \text{ cm}}} = 6{,}18$ cm

Seite 110

3

a $V = \frac{1}{3} \cdot 45\text{ cm}^2 \cdot 6\text{ cm} = 90\text{ cm}^3$

b $V = \frac{1}{3} \cdot G \cdot h = \frac{1}{3} \cdot 3{,}30\text{ m}^2 \cdot 0{,}5\text{ m} = 0{,}55\text{ m}^3$

c $V = \frac{1}{3} \cdot \pi \cdot (5\text{ cm})^2 \cdot 9\text{ cm} = 235{,}62\text{ cm}^3$

d $V = \frac{1}{3} \cdot \pi \cdot (23{,}3\text{ dm})^2 \cdot 0{,}73\text{ dm} = 415{,}01\text{ dm}^3$

4

a $h = \frac{3V}{\pi \cdot r^2} = \frac{3 \cdot 200\text{ cm}^3}{\pi \cdot (5\text{ cm})^2} = 7{,}64\text{ cm}$

b $h = \frac{3V}{\pi \cdot r^2} = \frac{3 \cdot 2{,}3\text{ m}^3}{\pi \cdot (0{,}907\text{ m})^2} = 2{,}67\text{ m}$

c $r = \sqrt{\frac{3V}{\pi \cdot h}} = \sqrt{\frac{3 \cdot 469{,}1\text{ cm}^3}{\pi \cdot 7\text{ cm}}} = 8\text{ cm}$

d $r = \sqrt{\frac{3V}{\pi \cdot h}} = \sqrt{\frac{3 \cdot 180\,000\text{ cm}^3}{\pi \cdot 69{,}2\text{ cm}}} = 49{,}84\text{ cm}$

5

	r	s	h	V	O
a	5 cm	9,86 cm	8,5 cm	222,53 cm³	233,44 cm²
b	7 cm	1 dm	7,14 cm	366,45 cm³	373,85 cm²
c	21,82 cm	27,3 cm	16,4 cm	8180,51 cm³	3368,27 cm²
d	3 dm	12,46 dm	12,10 dm	114,0 dm³	145,73 dm²
e	1,25 dm	19,54 dm	19,5 dm	31,91 dm³	81,64 dm²
f	2,3 m	4,3 m	3,63 m	20,13 m³	47,69 m²

6 Volumen einer Praline: $V_P = \frac{1}{3} \cdot \pi \cdot (1{,}3 \text{ cm})^2 \cdot 2{,}8 \text{ cm} = 4{,}96 \text{ cm}^3$
Volumen einer Form: $V_F = 6 \cdot V_P = 29{,}73 \text{ cm}^3$
Volumen von 100 Formen: $V = 100 \cdot V_F = 2973{,}2 \text{ cm}^3 = 2{,}97 \text{ dm}^3 = 2{,}97 \text{ l}$

7
a s = 1,5 cm; r = 0,75 cm, h = 1,3 cm; V = 0,76 cm³
b s = 1,8 cm; b = 9,42 cm; r = 1,5 cm; h = 0,99 cm; V = 2,34 cm³
c s = 2 cm; α = 235°; b = 8,2 cm; r = 1,31 cm; h = 1,52 cm; V = 2,70 cm³

8
a h = 3,76 cm · tan 37° = 2,83 cm; V = 41,95 cm³
b $r = \frac{16 \text{ m}}{\tan 74°} = 4{,}59 \text{ m}$; V = 352,68 m³
c $h = \frac{5{,}3 \text{ cm}}{\tan 22°} = 13{,}12 \text{ cm}$; V = 385,88 cm³
d h = 45 cm · sin 63° = 40,10 cm; r = 45 cm · cos 63° = 20,43 cm; V = 17 524,30 cm³

9 h = 3,2 cm; $\tan \delta = \frac{3{,}2 \text{ cm}}{3{,}5 \text{ cm}}$
also δ = 42,4°; V = 41,05 cm³

10 h = 10 m; $r = \frac{10 \text{ m}}{\tan 40°} = 11{,}92 \text{ m}$; V = 1487,31 m³; m = 2677,16 t
Ein 10 m hoher Kiesberg wiegt 2677,16 t.

11 $r_{Kegel} = r_{Zylinder} = 8{,}25 \text{ cm}$, damit $M_K = \pi \cdot 14{,}5 \text{ cm} \cdot 8{,}25 \text{ cm} = 375{,}97 \text{ cm}^2$.
Mantelfläche des Zylinders: $M_Z = M_K = 2 \cdot \pi \cdot r \cdot h$, daraus $h_Z = 7{,}25 \text{ cm}$.
Höhe des Kegels (Satz des Pythagoras): $h_K = 11{,}92 \text{ cm}$.
Damit können die beiden Volumen berechnet werden: $V_K = 849{,}6 \text{ cm}^3$; $V_Z = 1551{,}50 \text{ cm}^3$.
Die Differenz beträgt also 701,09 cm³.

12
a $h = 3e \cdot \tan 60° = 3e\sqrt{3}$; $V = \frac{1}{3} \cdot \pi \cdot (3e)^2 \cdot 3\sqrt{3}e = 9\pi e^3 \sqrt{3}$
b $r = 12e \cdot \tan 30° = \frac{12}{\sqrt{3}}e = 4e\sqrt{3}$; $V = \frac{1}{3} \cdot \pi \cdot \left(\frac{12}{\sqrt{3}}e\right)^2 \cdot 12e = 192\pi e^3$

5.4 Oberfläche der Kugel

Seite 111

1
a u = 2 · π · 9,3 cm = 58,43 cm
b A = π · (9,3 cm)² = 271,72 cm²
c Individuelle Lösungen: Mit den Schnipseln aus der Schale der Melone kann man mehr als drei, aber nicht mehr als vier Kreise bedecken.

Übungsaufgaben

1 O = 4 · π · (4,5 cm)² = 254,47 cm²

5 Körperberechnungen

2 $O = 4 \cdot \pi \cdot (6{,}4 \text{ cm})^2 = 514{,}72 \text{ cm}^2$

3 $r = \sqrt{\frac{706{,}86 \text{ cm}^2}{4 \cdot \pi}} = 7{,}50 \text{ cm}$

4 $r = \sqrt{\frac{277{,}6 \text{ cm}^2}{4 \cdot \pi}} = 4{,}70 \text{ cm}$, also d = 9,40 cm

Seite 112

5
a $O = 201{,}06 \text{ m}^2$ **b** $O = 6763{,}72 \text{ cm}^2$ **c** $O = 581{,}07 \text{ cm}^2$ **d** $O = 301{,}72 \text{ m}^2$

6
a r = 4,89 cm   **b** r = 3,43 m   **c** r = 14,60 mm   **d** r = 571,20 m

7
a r = 5,3 cm; u = 33,3 cm   **c** r = 0,77 m; u = 4,85 m
b r = 6,2 cm; u = 39 cm   **d** r = 0,50 m; u = 3,14 m

8 $O = 4 \cdot \pi \cdot (13 \text{ cm})^2 = 2123{,}72 \text{ cm}^2$
Die Oberfläche des Kuchens in Form einer Halbkugel ist halb so groß:
$O_{Kuchen} = 1061{,}86 \text{ cm}^2$.
Es werden also rund 1062 cm² der gelben Masse benötigt.

9 $O_{Kugel} = 745{,}06 \text{ cm}^2$
$O_{Kreis} = 186{,}27 \text{ cm}^2$
$O_{Melone} = 558{,}8 \text{ cm}^2$

10
a $O_{HK} = 254{,}85 \text{ cm}^2$ **c** $O_{HK} = 1099{,}31 \text{ m}^2$
b $O_{HK} = 588{,}2 \text{ cm}^2$, r = 7,9 cm   **d** $O_{HK} = 129{,}03 \text{ cm}^2$, r = 3,7 cm

11
a r = 13 cm   **b** r = 3,6 cm   **c** r = 5,1 cm   **d** r = 0,3 m

12 $r_{Kegel} = 8{,}9 \text{ cm} \cdot \cos 67° = 3{,}48 \text{ cm}$, $M_{Kegel} = 97{,}23 \text{ cm}^2$
Die Oberfläche der Halbkugel ist demnach ebenfalls 97,23 cm² groß, daraus folgt $r_{HK} = 3{,}21$ cm

13 a = 10,6 cm; $r_{KU} = 5{,}3$ cm; $O_{KU} = 353 \text{ cm}^2$

14 $r_{Erde} = 6366{,}20$ km; $O_{Erde} = 509\,296\,182{,}1 \text{ km}^2$
Wasserfläche: $A_{Wasser} = 0{,}7 \cdot 509\,296\,182{,}1 \text{ km}^2 = 356\,507\,327{,}5 \text{ km}^2$
Landfläche: $A_{Land} = 0{,}3 \cdot 509\,296\,182{,}1 \text{ km}^2 = 152\,788\,854{,}6 \text{ km}^2$
Die Landfläche der Erde ist etwa 152 788 855 km² groß.

5.5 Volumen der Kugel

15 Die kurze Seite des unteren Dreiecks hat die Länge x = 9,8 cm · sin 22° = 3,7 cm.
Der Rest der langen Rechteckseite ist damit 22,7 cm – 3,7 cm = 19 cm lang.
Daraus folgt u = $\frac{19\,cm}{\cos 22°}$ = 20,5 cm.
Aus u kann man r berechnen: r = 3,3 cm.
O_{Kugel} = 136,8 cm²

5.5 Volumen der Kugel

Seite 113

1 $V_{Zylinder} = V_{Kegel} + V_{Halbkugel}$
Setzt man die bekannten Formeln ein, dann folgt (h = r):
$V_{Halbkugel} = \pi r^2 \cdot r - \frac{1}{3}\pi r^2 \cdot r = \frac{2}{3}\pi r^3$

Seite 114

Übungsaufgaben

1
a V = 523,60 mm³   c V = 1767,15 cm³   e V = 0,065 cm³
b V = 164 636,21 cm³   d V = 2664,31 m³   f V = 12 507,66 cm³

2
a $r = \sqrt[3]{\frac{3 \cdot 330\,cm^3}{4 \cdot \pi}}$ = 4,29 cm   c $r = \sqrt[3]{\frac{3 \cdot 62,8\,m^3}{4 \cdot \pi}}$ = 2,47 m

b $r = \sqrt[3]{\frac{3 \cdot 750\,cm^3}{4 \cdot \pi}}$ = 5,64 cm   d $r = \sqrt[3]{\frac{3 \cdot 1678,3\,cm^3}{4 \cdot \pi}}$ = 7,37 cm

3

	r	u	V	O
a	9,2 cm	57,81 cm	3261,8 cm³	1063,6 cm²
b	2,8 cm	17,59 cm	92 cm³	98,52 cm²
c	0,75 m	4,7 m	1,77 m³	7,07 m²
d	800 km	5026,5 km	2,144 · 10⁹ km³	8 042 477,2 km²

4 Goldkugel: V = 5,58 cm³, m = 107,6 g
Silberkugel: V = 17,16 cm³, m = 180,15 g
Glaskugel: V = 57,9 cm³, m = 144,76 g
Die Silberkugel ist am schwersten.

5
a O = 21,21 m²
b V = 14,14 m³ = 14 137 166,9 cm³, m = 108 856,2 kg = 108,86 t
Der Werther-Brunnen wiegt etwa 109 Tonnen.

5 Körperberechnungen

6 Den Radius des Kegels berechnet man mit dem Satz des Pythagoras: r = 11,57 cm
   Da der Radius der Kugel der gleiche ist, folgt: V_{Kugel} = 6494,58 cm³

7 Der Radius beider Körper ist damit auch gleich: r = 6 cm; $V_{Halbkugel}$ = 452,41 cm³
   $V_{Zylinder} = \pi(6 \text{ cm})^2 \cdot h$ = 452,4 cm³, daraus folgt: h = 4 cm

8 r = 3e bedeutet $O = 4 \cdot \pi \cdot (3e)^2 = 36\pi e^2$ und $V = \frac{4}{3} \cdot \pi \cdot (3e)^3 = 36\pi e^3$, also (A) – ② – (III)
   d = 5e bedeutet $O = 4 \cdot \pi \cdot (2,5e)^2 = 25\pi e^2$ und $V = \frac{4}{3} \cdot \pi \cdot (2,5e)^3 = 20\frac{5}{6}\pi e^3$, also (B) – ③ – (I)
   $r = \frac{3}{4}e$ bedeutet $O = 4 \cdot \pi \cdot \left(\frac{3}{4}e\right)^2 = 2,25\pi e^2$ und $V = \frac{4}{3} \cdot \pi \cdot \left(\frac{3}{4}e\right)^3 = \frac{9}{16}\pi e^3$, also (C) – ① – (II)

9 Ganze Kugel mit r = 4 cm: $O = 4 \cdot \pi \cdot (4 \text{ cm})^2 = 201,1 \text{ cm}^2$; $V = \frac{4}{3} \cdot \pi \cdot (4 \text{ cm})^3 = 268,1 \text{ cm}^3$
   Schneidet man nun ein Viertel heraus, dann ergibt sich:
   $V = \frac{3}{4} \cdot \frac{4}{3} \cdot \pi \cdot (4 \text{ cm})^3 = 201,1 \text{ cm}^3$: Das Volumen verändert sich.
   $O = \frac{3}{4} \cdot 4 \cdot \pi \cdot (4 \text{ cm})^2 + \pi \cdot (4 \text{ cm})^2 = 4 \cdot \pi \cdot (4 \text{ cm})^2 = 201,1 \text{ cm}^2$: Die Oberfläche bleibt gleich.
   Milea hat also Recht.

5.6   Verschiedene Körper

Seite 115

1

a

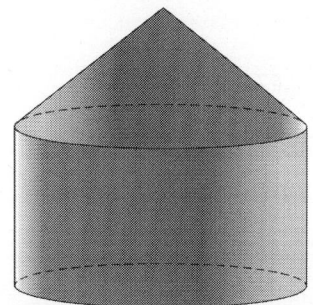

b $V = V_{Zylinder} + V_{Kegel} = G_{Zy} \cdot h_{zy} + \frac{1}{3} \cdot G_{Ke} \cdot h_{Ke}$ = 1590 cm³

c Aus der Grundfläche von Zylinder und Kegel berechnet man den Radius: $r_{Zy} = r_{Ke}$ = 5,35 cm
   Mit dem Satz des Pythagoras erhält man die Seitenkante des Kegels: s_{Ke} = 9,63 cm
   $O = G_{Zy} + M_{Zy} + M_{Ke} = G_{Zy} + 2 \cdot \pi \cdot r_{Zy} \cdot h_{Zy} + \pi \cdot r_{Ke} \cdot s_{Ke}$ = 756,30 cm²

Seite 116

Übungsaufgaben

1

a $V = V_{Zy} + V_{KE} = \pi \cdot (8,7 \text{ cm})^2 \cdot 18,9 \text{ cm} + \frac{1}{3} \cdot \pi \cdot (8,7 \text{ cm})^2 \cdot 16,3 \text{ cm}$ = 5786,15 cm³
   s_{Ke} = 18,48 cm
   $O = G_{Zy} + M_{Zy} + M_{Ke} = \pi \cdot (8,7 \text{ cm})^2 + 2 \cdot \pi \cdot 8,7 \text{ cm} \cdot 18,9 \text{ cm} + \pi \cdot 8,7 \text{ cm} \cdot 18,48 \text{ cm}$ = 1776,02 cm²

5.6 Verschiedene Körper

1 *(Fortsetzung)*

b $h_{Py} = 7{,}23$ cm; $V = V_{Qua} + V_{Py} = 4$ cm $\cdot$ 4 cm $\cdot$ 12,5 cm $+ \frac{1}{3} \cdot (4$ cm$)^2 \cdot 7{,}23$ cm $= 238{,}55$ cm³

$O = G_{Qua} + M_{Qua} + M_{Py} = 4$ cm $\cdot$ 4 cm $+ 4 \cdot 4$ cm $\cdot$ 12,5 cm $+ 4 \cdot \frac{1}{2} \cdot 4$ cm $\cdot$ 7,5 cm $= 276$ cm²

c $h_{Ke} = 6{,}32$ cm

$V = V_{HK} + V_{Zy} + V_{Ke} = \frac{2}{3}\pi \cdot (4{,}9$ cm$)^3 + \pi \cdot (4{,}9$ cm$)^2 \cdot 11{,}3$ cm $+ \frac{1}{3}\pi \cdot (4{,}9$ cm$)^2 \cdot 6{,}32$ cm $= 1257{,}66$ cm³

$O = O_{HK} + M_{Zy} + M_{Ke} = 2 \cdot \pi \cdot (4{,}9$ cm$)^2 + 2 \cdot \pi \cdot 4{,}9$ cm $\cdot$ 11,3 cm $+ \pi \cdot 4{,}9$ cm $\cdot$ 8 cm $= 621{,}91$ cm²

2

① $V = V_{Ke} + V_{HK} = \frac{1}{3} \cdot \pi \cdot (3$ cm$)^2 \cdot 10$ cm $+ \frac{2}{3} \cdot \pi \cdot (3$ cm$)^3 = 150{,}80$ cm³

② $V = V_{Zy} + V_{HK} = \pi \cdot (3$ cm$)^2 \cdot 4$ cm $+ \frac{2}{3} \cdot \pi \cdot (3$ cm$)^3 = 169{,}65$ cm³

③ $V = V_{Ke} = \frac{1}{3} \cdot \pi \cdot (3$ cm$)^2 \cdot 12$ cm $= 113{,}10$ cm³

④ $V = V_{Zy} = \pi \cdot (2$ cm$)^2 \cdot 12$ cm $= 150{,}80$ cm³

Am meisten Eis bekommt man bei dem Eisbecher ②.

3 ① richtig ② richtig ③ falsch ④ falsch ⑤ richtig

4

a $r = 5{,}8$ cm $\cdot \sin 16° = 1{,}60$ cm; $h_{Ke} = 5{,}8$ cm $\cdot \cos 16° = 5{,}58$ cm

$V = V_{Zy} + V_{Ke} = \pi \cdot (1{,}60$ cm$)^2 \cdot 8{,}3$ cm $+ \frac{1}{3} \cdot \pi \cdot (1{,}60$ cm$)^2 \cdot 5{,}58$ cm $= 81{,}57$ cm³

$O = G_{Zy} + M_{Zy} + M_{Ke} = \pi \cdot (1{,}60$ cm$)^2 + 2 \cdot \pi \cdot 1{,}60$ cm $\cdot 8{,}3$ cm $+ \pi \cdot 1{,}60$ cm $\cdot 5{,}8$ cm $= 120{,}53$ cm²

b $h_S = 3{,}5$ cm $\cdot \sin 81° = 3{,}46$ cm; $h_{Py} = 3{,}29$ cm

$V = V_{Qua} + V_{Py} = 2{,}1$ cm $\cdot 2{,}1$ cm $\cdot 7{,}4$ cm $+ \frac{1}{3} \cdot (2{,}1$ cm$)^2 \cdot 3{,}29$ cm $= 37{,}485$ cm³

$O = G_{Qua} + M_{Qua} + M_{Py} = 2{,}1$ cm $\cdot 2{,}1$ cm $+ 4 \cdot 2{,}1$ cm $\cdot 7{,}4$ cm $+ 4 \cdot \frac{1}{2} \cdot 2{,}1$ cm $\cdot 3{,}46$ cm $= 81{,}09$ cm²

5 $h_{Py} = 7{,}88$ cm (Pythagoras)

$V = V_{Würfel} + V_{Py} = (5{,}2$ cm$)^3 + \frac{1}{3} \cdot (5{,}2$ cm$)^2 \cdot 7{,}88$ cm $= 211{,}65$ cm³

$O = G_{Würfel} + M_{Würfel} + M_{Py} = (5{,}2$ cm$)^2 + 4 \cdot (5{,}2$ cm$)^2 + 4 \cdot \frac{1}{2} \cdot 5{,}2$ cm $\cdot 8{,}3$ cm $= 221{,}52$ cm²

6 Linker Kegel:

$h_{oben} = 5{,}5$ cm; $s_{oben} = 7{,}78$ cm; $s_{unten} = 8{,}51$ cm

$V_{links} = V_{Keoben} + V_{Keunten} = \frac{1}{3} \cdot \pi \cdot (5{,}5$ cm$)^2 \cdot 5{,}5$ cm $+ \frac{1}{3} \cdot \pi \cdot (5{,}5$ cm$)^2 \cdot 6{,}5$ cm $= 380{,}13$ cm³

$O_{links} = M_{Keoben} + M_{Keunten} = \pi \cdot 5{,}5$ cm $\cdot 7{,}78$ cm $+ \pi \cdot 5{,}5$ cm $\cdot 8{,}51$ cm $= 281{,}52$ cm³

Rechter Kegel:

$h = 12$ cm; $r = 6{,}93$ cm; $s = 13{,}86$ cm

$V_{rechts} = V_{Ke} = \frac{1}{3} \cdot \pi \cdot (6{,}93$ cm$)^2 \cdot 12$ cm $= 603{,}19$ cm³

$O_2 = G_{Ke} + M_{Ke} = \pi \cdot (6{,}93$ cm$)^2 + \pi \cdot 6{,}93$ cm $\cdot 13{,}86$ cm $= 452{,}39$ cm³

Leon hat nicht Recht.

7 $r = \sqrt[3]{\frac{3 \cdot 350 \text{ cm}^3}{2 \cdot \pi}} = 5{,}51$ cm

Aus $V_{Zylinder} = \pi \cdot (5{,}51$ cm$)^2 \cdot h = 350$ cm³ folgt $h = 3{,}67$ cm

5 Körperberechnungen

Seite 117

8 $V_{links} = V_{Zy} + V_{Ke} = \pi \cdot (6,5\text{ cm})^2 \cdot 8,2\text{ cm} + \frac{1}{3} \cdot \pi \cdot (6,5\text{ cm})^2 \cdot 3,1\text{ cm} = 1225,56\text{ cm}^3$
Aus $V_{Zylinder} = \pi \cdot (5,5\text{ cm})^2 \cdot h = 1225,56\text{ cm}^3$ folgt h =12,90 cm
Das Wasser steht im rechten Zylinder 12,90 cm hoch.

9
a $O = O_{HK} + M_{Ke} = 2 \cdot \pi \cdot (6\text{ cm})^2 + \pi \cdot 6\text{ cm} \cdot s = 414,7\text{ cm}^2$
Daraus folgt s = 10 cm und mit dem Satz des Pythagoras dann h_{Kegel} = 8 cm.
Die Gesamthöhe der Figur ist damit h = 14 cm.
b $V = V_{HK} + V_{Ke} = \frac{2}{3} \cdot \pi \cdot (6\text{ cm})^3 + \frac{1}{3} \cdot \pi \cdot (6\text{ cm})^2 \cdot 8\text{ cm} = 753,98\text{ cm}^3$

10
a $V = V_{Zy} - V_{Ke} = \pi \cdot (4,2\text{ cm})^2 \cdot 12,5\text{ cm} - \frac{1}{3} \cdot \pi \cdot (4,2\text{ cm})^2 \cdot 6,25\text{ cm} = 577,27\text{ cm}^3$
s_{Kegel} = 7,53 cm
$O = G_{Zy} + M_{Zy} + M_{Ke} = \pi \cdot (4,2\text{ cm})^2 + 2 \cdot \pi \cdot 4,2\text{ cm} \cdot 12,5\text{ cm} + \pi \cdot 4,2\text{ cm} \cdot 7,53\text{ cm} = 484,64\text{ cm}^2$
b $V_{ges} = V_{Zy} + V_{Ke} = \pi \cdot (4,2\text{ cm})^2 \cdot 12,5\text{ cm} + \frac{1}{3} \cdot \pi \cdot (4,2\text{ cm})^2 \cdot 6,25\text{ cm} = 808,17\text{ cm}^3$
$p = \frac{808,17}{577,27} = 1,40$
Der zusammengesetzte Körper ist um 40 % größer als der Restkörper.

11
① $V = V_{Quader} - V_{Kegel} = 10\text{ cm} \cdot 10\text{ cm} \cdot 13\text{ cm} - \frac{1}{3} \cdot \pi \cdot (5\text{ cm})^2 \cdot 13\text{ cm} = 959,66\text{ cm}^3$
s_{Kegel} = 13,93 cm
$O = O_{Quader} + M_{Ke} - G_{Ke} = 720\text{ cm}^2 + \pi \cdot 5\text{ cm} \cdot 13,93\text{ cm} - \pi \cdot (5\text{ cm})^2 = 860,25\text{ cm}^2$
② h_{Kegel} = 5 cm; s_{Kegel} = 6,10 cm
$V = V_{Quader} - V_{Zy} - V_{Ke} = 1098,423\text{ cm}^3 - \pi \cdot (3,5\text{ cm})^2 \cdot 7,7\text{ cm} - \frac{1}{3} \cdot \pi \cdot (3,5\text{ cm})^2 \cdot 5\text{ cm} = 737,95\text{ cm}^3$
$O = O_{Quader} + M_{Zy} + M_{Ke} - G_{Ke}$
$= 645,42\text{ cm}^2 + 2 \cdot \pi \cdot 3,5\text{ cm} \cdot 7,7\text{ cm} + \pi \cdot 3,5\text{ cm} \cdot 6,1\text{ cm} - \pi \cdot (3,5\text{ cm})^2 = 843,38\text{ cm}^2$
Henry hat nicht Recht.

12 Sechseck: r = 3,5 cm · cos 30° = 3,03 cm; a = 2 · 3,5 cm · sin 30° = 3,5 cm
$A_{Sechseck} = 6 \cdot \frac{1}{2} \cdot 3,5\text{ cm} \cdot 3,03\text{ cm} = 31,83\text{ cm}^2$
$V = V_{Sechseckprisma} - V_{HK} = 31,82\text{ cm}^2 \cdot 7,8\text{ cm} - \frac{2}{3} \cdot \pi \cdot (3,5\text{ cm})^3 = 158,45\text{ cm}^3$

13
a Körper B:
$V = V_{Zy} + V_{Zy} + V_{HK} = \pi \cdot (7\text{ cm})^2 \cdot 8\text{ cm} + \pi \cdot (5\text{ cm})^2 \cdot 8\text{ cm} + \frac{2}{3} \cdot \pi \cdot (5\text{ cm})^3 = 2121,62\text{ cm}^3$
$O = O_{Zy1} + M_{Zy2} + M_{HK} - G_{Zy2}$
$= 2 \cdot \pi \cdot (7\text{ cm})^2 + 2 \cdot \pi \cdot 7\text{ cm} \cdot 8\text{ cm} + 2 \cdot \pi \cdot 5\text{ cm} \cdot 8\text{ cm} + 2 \cdot \pi \cdot (5\text{ cm})^2 - \pi \cdot (5\text{ cm})^2 = 989,60\text{ cm}^2$
Körper C:
$V = V_{HK1} - V_{HK2} = \frac{2}{3} \cdot \pi \cdot (7\text{ cm})^3 - \frac{2}{3} \cdot \pi \cdot (5\text{ cm})^3 = 456,58\text{ cm}^3$
$O = M_{HK1} + M_{HK2} + G_{HK12} - G_{HK2} =$
$= 2 \cdot \pi \cdot (7\text{ cm})^2 + 2 \cdot \pi \cdot (5\text{ cm})^2 + \pi \cdot (7\text{ cm})^2 - \pi \cdot (5\text{ cm})^2 = 540,35\text{ cm}^2$

13 *(Fortsetzung)*
b individuelle Lösungen, zum Beispiel:

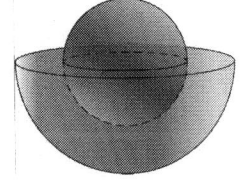 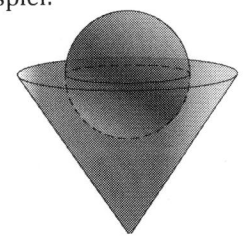 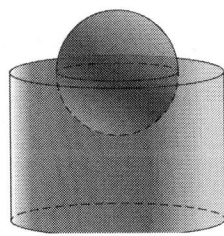

Seite 118

14 $a_{Pyramide} = 6{,}36$ cm; $r_{Kegel} = a_{Pyramide} : 2 = 3{,}18$ cm; $h_{SPyramide} = 8{,}89$ cm, $s_{Kegel} = 11{,}16$ cm
$V = V_{Kegel} + V_{Pyramide} = \frac{1}{3} \cdot \pi \cdot (3{,}18 \text{ cm})^2 \cdot 10{,}7 \text{ cm} + \frac{1}{3} \cdot (6{,}36 \text{ cm})^2 \cdot 8{,}3 \text{ cm} = 225{,}50 \text{ cm}^3$
$O = O_{Pyramide} + M_{Kegel} - G_{Kegel}$
$= 4 \cdot \frac{1}{2} \cdot 6{,}36 \text{ cm} \cdot 8{,}89 \text{ cm} + (6{,}36 \text{ cm})^2 + \pi \cdot 3{,}18 \text{ cm} \cdot 11{,}16 \text{ cm} - \pi \cdot (3{,}18 \text{ cm})^2 = 233{,}42 \text{ cm}^2$

15 $r_{Kegel} = 3$ cm; $V = V_{Würfel} + V_{Kegel} = (6 \text{ cm})^3 + \frac{1}{3} \cdot \pi \cdot (3 \text{ cm})^2 \cdot h = 315 \text{ cm}^3$
daraus folgt: h = 10,51 cm und mit dem Satz des Pythagoras s = 10,93 cm

16 4 Liter = 4000 cm³; $a = r = \sqrt{\frac{4000 \text{ cm}^3}{40 \text{ cm}}} = 10$ cm
$h_{Kegel} = 29{,}55$ cm; $V_{Kegel} = \frac{1}{3} \cdot \pi \cdot (10 \text{ cm})^2 \cdot 29{,}55 \text{ cm} = 3094{,}89 \text{ cm}^3$
In dem Zylinder befinden sich also 905,11 cm³ Wasser.
$V_{Zylinder} = \pi \cdot (10 \text{ cm})^2 \cdot h = 905{,}11 \text{ cm}^3$; daraus h = 2,88 cm.

17
a $V = V_{Zylinder} + V_{Kegel} = \pi \cdot (3a)^2 \cdot 4a + \frac{1}{3} \cdot \pi \cdot (3a)^2 \cdot 4a = 48\pi a^3$
$s_{Kegel} = 5a$
$O = M_{Zylinder} + M_{Kegel} + G_{Zylinder} = 2 \cdot \pi \cdot 3a \cdot 4a + \pi \cdot 5a \cdot 3a + \pi \cdot (3a)^2 = 48\pi a^2$
b $V = V_{Zylinder} + V_{Halbkugel} = \pi \cdot (2a)^2 \cdot 4a + \frac{2}{3} \cdot \pi \cdot (2a)^3 = 21\frac{1}{3}\pi a^3$
$O = M_{Zylinder} + M_{Halbkugel} + G_{Zylinder} = 2 \cdot \pi \cdot 2a \cdot 4a + 2 \cdot \pi \cdot (2a)^2 + \pi \cdot (2a)^2 = 28\pi a^2$

18
$V_{Halbkugel} = 321 \text{ cm}^3$; $V_{Kegel} = 963 \text{ cm}^3$
$V_{Kegel} = \frac{1}{3} \cdot \pi \cdot r_{Ke}^3 = 963 \text{ cm}^3$; also $r_{Ke} = h_{Ke} = 9{,}72$ cm
$V_{Halbkugel} = \frac{2}{3} \cdot \pi \cdot r_{HK}^3 = 321 \text{ cm}^3$; also $r_{HK} = 5{,}35$ cm
$s_{Kegel} = 13{,}75$ cm
$O = O_{Kegel} + M_{Halbkugel} - G_{Halbkugel}$
$= \pi \cdot 9{,}72 \text{ cm} \cdot 13{,}75 \text{ cm} + \pi \cdot (9{,}72 \text{ cm})^2 + 2 \cdot \pi \cdot (5{,}35 \text{ cm})^2 - \pi \cdot (5{,}35 \text{ cm})^2 = 807{,}20 \text{ cm}^2$

19
$V_{Zylinder} = \pi \cdot (6 \text{ cm})^2 \cdot h = 785{,}4 \text{ cm}^3$, daraus $h_{Zylinder} = 6{,}94$ cm
$h_{Kegel} = 4{,}94$ cm
$V_{Kegel} = \frac{1}{3} \cdot \pi \cdot r^2 \cdot 4{,}94 \text{ cm} = 157{,}08 \text{ cm}^3$, daraus $r_{Kegel} = 5{,}51$ cm
Halber Winkel an der Spitze des Kegels: $\tan \beta = \frac{5{,}51}{4{,}94}$, also $\beta = 48{,}1°$; $\alpha = 180° - \beta = 131{,}9°$

6 Funktionale Zusammenhänge

6.1 Lineare Gleichungssysteme

Seite 128

1 e ist der Preis für Erwachsene, k der für Kinder. Dann gilt:
(I) 2e + 2k = 13   (II) e + 4k = 14
Lösung: e = 4 und k = 2,5. Erwachsene zahlen also 4 € Eintritt, Kinder 2,50 €.

Seite 129

Übungsaufgaben

1

a 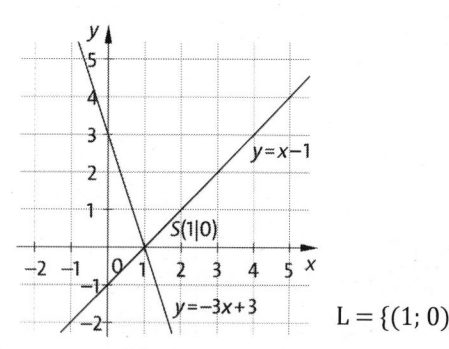 L = {(1; 0)}

c 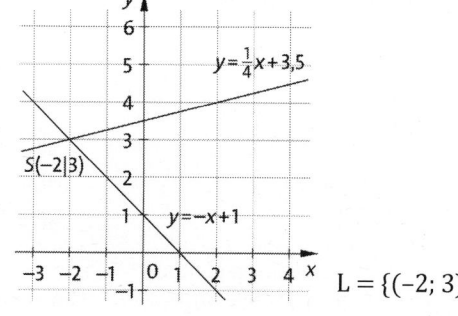 L = {(−2; 3)}

b 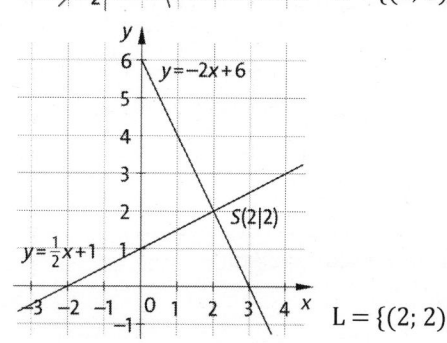 L = {(2; 2)}

d 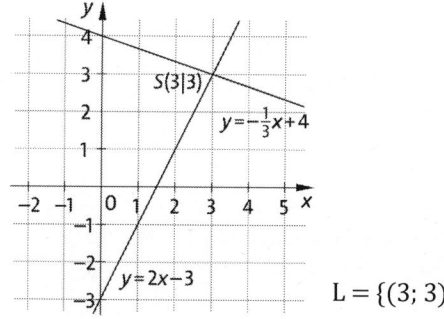 L = {(3; 3)}

2

a genau eine Lösung: x = −1,5; y = 0,5
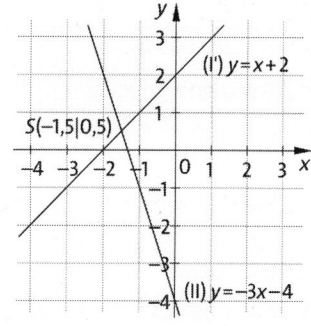

c keine Lösung
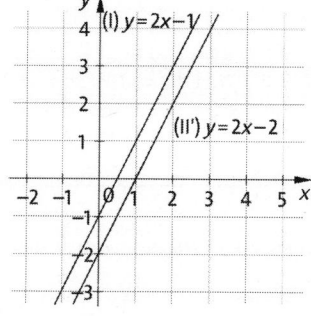

2 *(Fortsetzung)*

b unendlich viele Lösungen

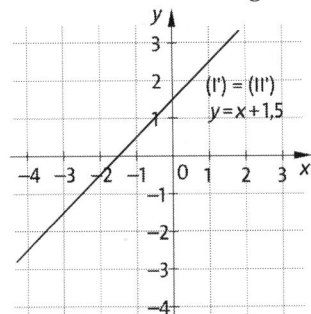

d genau eine Lösung: x = 1,5; y = 0,5

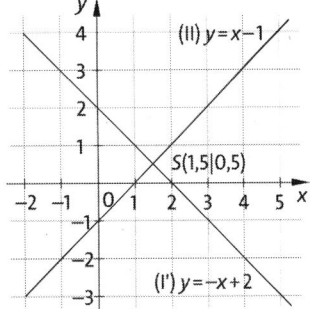

3

a ① 5x − 4 = 3x + 2 ergibt x = 3, L = {3; 11}
② −2x − 2 = 8x + 18 ergibt x = −2; L = {−2; 1}

b ① 2(3x + 1) + 2x = 6 ergibt x = 0,5, L = {0,5; 2,5}
② 0 = 2x + 1 −(4 −x) ergibt x = 1; L = {1; 3}

c ① (I) + (II): 2x = 4, ergibt x = 2, L = {2; 3,5}
② (I) − (II): 6 = −3x, ergibt x = −2; L = {−2; −1}

4

a Einsetzungsverfahren; L = {0,5; 0,5}

b Gleichsetzungsverfahren; L = {5; 8}

c Additionsverfahren; L = $\left\{-\frac{1}{3}; 8\right\}$

d Einsetzungsverfahren, L = {(−2; 3)}

e Subtraktionsverfahren; L = $\left\{\frac{1}{5}; 1\right\}$

f Einsetzungsverfahren; L = $\left\{-\frac{1}{3}; -\frac{3}{2}\right\}$

5

a L = {0,5; 6,5}   **b** L = {−4; 6}   **c** L = {−2; 14}   **d** L = {1; −5}

6

a L = {−1; 4}
b L = {−4; −16}
c L = {1; 3}
d L = {1; 6}
e L = {−4; −3}
f L = {4; −2}

7

a (I) x − y = 34
(II) 3x + 2y = 187
Lösung: x = 51; y = 17
Die erste Zahl ist 51, die zweite 17.

b (I) 2a + 2b = 108
(II) a = 2b
Lösung: a = 36; b = 18
Die Seitenlängen sind a = 36 cm und b = 18 cm.

c (I) h + s = 58
(II) 2h + 4s = 148
Lösung: h = 42; s = 16
Es sind 42 Hühner und 16 Schafe.

d (I) 24f + g = 1557
(II) 17f + g = 1186
Lösung: f = 53; g = 285
Grundbetrag: 285 €, eine Fahrstunde: 53 €.

6.2 Quadratische Gleichungen

Seite 130

1

a In Gleichung ① kommt die Variable x nur im Quadrat vor. Solche Gleichungen nennt man reinquadratisch. In Gleichung ② kommt die Variable x im Quadrat und in erster Potenz vor. Das ist eine gemischtquadratische Gleichung.

b Giulia hat zunächst die Gleichung nach x^2 aufgelöst und dann auf beiden Seiten die Wurzel gezogen.

c Tom hat die quadratische Ergänzung auf beiden Seiten der Gleichung addiert, den Term auf der linken Seite mithilfe einer binomischen Formel faktorisiert und dann auf beiden Seiten die Wurzel gezogen. Deniz hat die Werte von p und q in der Gleichung der Form $0 = x^2 + px + q$ bestimmt, und sie dann in die Lösungsformel für quadratische Gleichungen eingesetzt.
Vergleich: individuelle Lösung

Übungsaufgaben

1
a $x_1 = 9$; $x_2 = -9$ **b** $x_1 = 15$; $x_2 = -15$ **c** $x_1 = 12$; $x_2 = -12$ **d** $x_1 = 1{,}4$; $x_2 = -1{,}4$

2
a $x_1 = 8$; $x_2 = -8$ **b** $x_1 = 6$; $x_2 = -6$ **c** $x_1 = 4$; $x_2 = -4$ **d** $x_1 = 2$; $x_2 = -2$

Seite 131

3
a $p = 6$; $q = 8$; $x_1 = -2$; $x_2 = -4$
b $p = 7$; $q = 10$; $x_1 = -2$; $x_2 = -5$
c $p = -8$; $q = 12$; $x_1 = 6$; $x_2 = 2$
d $p = 2$; $q = -15$; $x_1 = 3$; $x_2 = -5$
e $p = -3$; $q = -18$; $x_1 = 6$; $x_2 = -3$
f $p = -18$; $q = 17$; $x_1 = 1$; $x_2 = 17$

4
a ① zwei Lösungen, L = {2; –2}
② keine Lösungen, L = {}
③ zwei Lösungen, L = {3; –3}
④ eine Lösung, L = {0}

b ① D = 0; eine Lösung, L = {–3}
② D = –0,75; keine Lösungen, L = {}
③ D = 25, zwei Lösungen, L = {1; –9}
④ D = 12,25; zwei Lösungen, L = {–3; 4}

5
a $x^2 - 3x - 10 = 0$; $x_1 = 5$; $x_2 = -2$
b $x^2 - 12x + 11 = 0$; $x_1 = 1$; $x_2 = 11$
c $x^2 + 5x - 14 = 0$; $x_1 = 2$; $x_2 = -7$
d $x^2 + 4x - 32 = 0$; $x_1 = 4$; $x_2 = -8$
e $x^2 - x - 6 = 0$; $x_1 = 3$; $x_2 = -2$
f $x^2 + 3x - 18 = 0$; $x_1 = 3$; $x_2 = -6$

6
a $x^2 - 49 = 0$; $x_1 = 7$; $x_2 = -7$
b $x^2 - 2x - 3 = 0$; $x_1 = 3$; $x_2 = -1$
c $x^2 - 1 = 0$; $x_1 = 1$; $x_2 = -1$
d $x^2 - 12x + 20 = 0$; $x_1 = 10$; $x_2 = 2$
e $x^2 - 2{,}25 = 0$; $x_1 = 1{,}5$; $x_2 = -1{,}5$
f $x^2 - x - 20 = 0$; $x_1 = 5$; $x_2 = -4$
g $x^2 - 3x + 2 = 0$; $x_1 = 2$; $x_2 = 1$
h $x^2 - 10x + 25 = 0$; eine Lösung, $x = 5$

6.3 Die quadratische Funktion $y = ax^2 + c$

7
a $x \cdot (x - 9)$; $x_1 = 0$; $x_2 = 9$
b $x \cdot (x - 1,5)$; $x_1 = 0$; $x_2 = 1,5$
c $x \cdot (2x + 4)$; $x_1 = 0$; $x_2 = -2$
d $x \cdot (x - 4)$; $x_1 = 0$; $x_2 = 4$
e $(x - 3) \cdot (x + 4)$; $x_1 = 3$; $x_2 = -4$
f $(x - 0,75) \cdot (3 + x)$; $x_1 = 0,75$; $x_2 = -3$

8
a $x_1 = 3$; $x_2 = -1$
b $x_1 = 1$; $x_2 = 3$
c $x_1 = 6$; $x_2 = -1$
d $x_1 = 3$; $x_2 = -3$
e $x_1 = 21$; $x_2 = -1$
f $x_1 = -1$; $x_2 = -7$

9
a $x^2 + x + 0,25 = 0$; $D = 0$; eine Lösung; $x = -0,5$
b $x^2 + 4x + 7 = 0$; $D = -3$; keine Lösungen
c $x^2 - 8x + 16 = 0$; $D = 0$; eine Lösung; $x = 4$
d $x^2 + 4x - 5 = 0$; $D = 9$; zwei Lös.; $x_1 = 1$, $x_2 = -5$

10
a $x^2 = -2z$
keine Lösung für $z > 0$; eine Lösung für $z = 0$; zwei Lösungen für $z < 0$
b $D = 4 - z$
keine Lösung für $z > 4$; eine Lösung für $z = 4$; zwei Lösungen für $z < 4$

11 $a \cdot (a + 8) = 65$; Lösungen: $a_1 = 5$; $a_2 = -13$
Da es keine negativen Seitenlängen gibt, ist nur a_1 sinnvoll. Die Seitenlängen sind 5 cm und 13 cm.

12 Der Weg hat die Breite x. Für seinen Flächeninhalt gilt:
$A = 4x^2 + 2 \cdot 5 \cdot x + 2 \cdot 12 \cdot x = 4x^2 + 34x = 110$
Daraus folgt die quadratische Gleichung
$x^2 + 8,5x - 27,5 = 0$
und mit der Lösungsformel
$x_1 = 2,5$; $x_2 = -11$
Die negative Lösung ist im Sachzusammenhang nicht sinnvoll.
Der Weg ist 2,5 m breit.

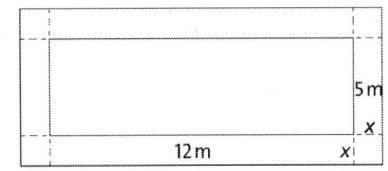

6.3 Die quadratische Funktion $y = ax^2 + c$

Seite 132

1
a
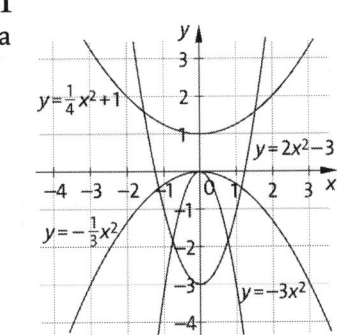

1 (Fortsetzung)

x	-2	-1,5	-1	-0,5	0	0,5	1	1,5	2
$y = 2x^2 - 3$	5	1,5	-1	-2,5	-3	-2,5	-1	1,5	5

x	-2	-1,5	-1	-0,5	0	0,5	1	1,5	2
$y = -3x^2$	-12	-6,75	-3	-0,75	0	-0,75	-3	-6,75	-12

x	-4	-3	-2	-1	0	1	2	3	4
$y = \frac{1}{4}x^2 + 1$	5	3,25	2	1,25	1	1,25	2	3,25	5

x	-4	-3	-2	-1	0	1	2	3	4
$y = -\frac{1}{3}x^2$	$-5\frac{1}{3}$	-3	$-1\frac{1}{3}$	$-\frac{1}{3}$	0	$-\frac{1}{3}$	$-1\frac{1}{3}$	-3	$-5\frac{1}{3}$

$y = 2x^2 - 3$: Die Parabel ist nach oben geöffnet, um den Faktor 2 gestreckt und um drei Einheiten nach unten verschoben.

$y = -3x^2$: Die Parabel ist nach unten geöffnet und um den Faktor 3 gestreckt.

$y = \frac{1}{4}x^2 + 1$: Die Parabel ist nach oben geöffnet, um den Faktor $\frac{1}{4}$ gestaucht und um eine Einheit nach oben verschoben.

$y = -\frac{1}{3}x^2$: Die Parabel ist nach unten geöffnet und um den Faktor $\frac{1}{3}$ gestaucht.

b Der Scheitelpunkt aller Parabeln mit der Gleichung $y = ax^2 + c$ liegt auf der y-Achse und alle Graphen sind symmetrisch zur y-Achse.

Übungsaufgaben

1

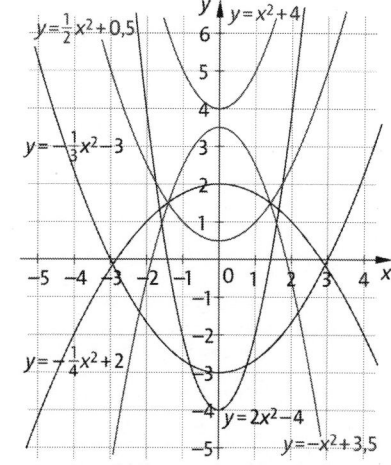

Die Graphen zu a und b kann man ohne Wertetabelle mit der Parabelschablone zeichnen.

2
- **a** Scheitel bei S(0|-3), nach oben geöffnet, gestaucht mit dem Faktor 0,5.
- **b** Scheitel bei S(0|-5,5), nach oben geöffnet, weder gestaucht noch gestreckt
- **c** Scheitel bei S(0|-1), nach unten geöffnet, gestreckt mit dem Faktor 2.
- **d** Scheitel bei S(0|-2), nach oben geöffnet, gestaucht mit dem Faktor 0,2.
- **e** Scheitel bei S(0|0), nach unten geöffnet, gestreckt mit dem Faktor 6.
- **f** Scheitel bei S(0|1,5), nach oben geöffnet, gestaucht mit dem Faktor 0,25.

Seite 133

3 Der Graph von y = 3x² + 2 wurde falsch verschoben, nämlich entlang der y-Achse um 2 Einheiten nach unten statt um 2 Einheiten nach oben. Außerdem wurde mit dem Faktor a = 2 statt a = 3 gezeichnet. Bei dem Graphen von y = 2x² − 3 wurde der Faktor 2 nicht richtig berücksichtigt. Der Graph wurde gestaucht, anstatt gestreckt zu werden. Es wurde also a = 0,5 statt a = 2 verwendet. Der Graph von y = $-\frac{1}{3}$x² + 2 wurde richtig gezeichnet. Die anderen Graphen sehen richtig so aus:

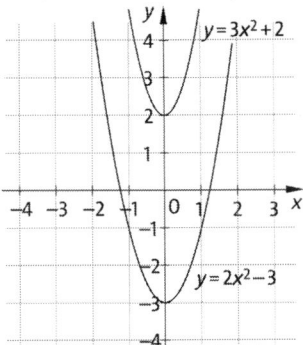

4

a Philip hat den x-Wert des gegebenen Punktes in die Parabelgleichung eingesetzt und den entsprechenden y-Wert berechnet. Ergibt sich der y-Wert des gegebenen Punktes, liegt er auf der Parabel.

b y = −3 · 2² + 5 = −7: P liegt nicht auf dieser Parabel.

y = $\frac{1}{2}$ · 2² − 6 = −4: P liegt auf dieser Parabel.

y = $\frac{1}{4}$ · 2² − 4 = −3: P liegt nicht auf dieser Parabel.

P liegt auf der Parabel mit der Gleichung y = $\frac{1}{2}$ · x² − 6.

5
a P(4|−13)   **b** P₁(2|6), P₂(−2|6)   **c** P(−3|1)   **d** P₁(1|2,5), P₂(−1|2,5)

6

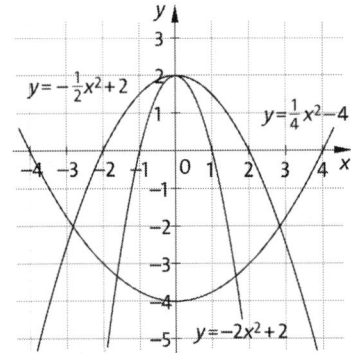

Schnittstellen mit der x-Achse (Nullstellen):
a x₁ = −4; x₂ = 4   **b** x₁ = −1; x₂ = 1   **c** x₁ = −2; x₂ = 2

7
a x₁ = 2; x₂ = −2   **c** x₁ = 3; x₂ = −3   **e** x₁ = 0,5; x₂ = −0,5
b x₁ = 2; x₂ = −2   **d** x₁ = 5; x₂ = −5   **f** x₁ = 3; x₂ = −3

6 Funktionale Zusammenhänge

8
a zwei Nullstellen: $x_1 = 2$; $x_2 = -2$ c keine Nullstellen
b eine Nullstelle, $x = 0$ d keine Nullstelle
zwei Nullstellen: Der Scheitelpunkt liegt unter der x-Achse und die Parabel ist nach oben geöffnet oder der Scheitelpunkt liegt über der x-Achse und die Parabel ist nach unten geöffnet.
eine Nullstelle: Der Scheitelpunkt liegt auf der x-Achse.
keine Nullstellen: Der Scheitelpunkt liegt unter der x-Achse und die Parabel ist nach unten geöffnet oder der Scheitelpunkt liegt über der x-Achse und die Parabel ist nach oben geöffnet.

9 Schnittpunkte mit der x-Achse: $N_1(4|0)$, $N_2(-4|0)$
$y = -\frac{1}{2} \cdot (-3)^2 + 8 = 3{,}5$: Nein, Q liegt nicht auf der Parabel.

10 p_1 – ② – (D)
$S(0|3)$ und $P(1|1)$ liegen auf p_1. Somit kommt nur die Gleichung ② in Frage. p_1 ist nach unten geöffnet, d. h. bei zunehmenden positiven x-Werten werden die y-Werte kleiner. Dies trifft nur bei der Wertetabelle D zu.
p_2 – ⑥ – (A)
$S(0|-1)$ und $P(2|0)$ liegen auf p_2. Somit kommen nur Gleichung ⑥ und Wertetabelle A in Frage.
p_3 – ④ – (C)
$S(0|-2)$ und $P(2|0)$ liegen auf p_3. Somit kommen nur Gleichung ④ und Wertetabelle C in Frage.
p_4 – ③ – (B)
$S(0|-1)$ und $P(1|1)$ liegen auf p_4. Somit kommen nur Gleichung ③ und Wertetabelle B in Frage.

Seite 134

11 Setzt man den gut ablesbaren Punkt $R(4|1)$ in die Gleichung $y = ax^2 - 1$ ein, erhält man
$1 = a \cdot 4^2 - 1 = 16a - 1$.
Damit kann man a berechnen: $a = \frac{1}{8}$, die Parabelgleichung ist also $y = \frac{1}{8}x^2 - 1$.

12
a $6 = a \cdot 4^2 - 2 = 16a - 2$; $a = \frac{1}{2}$ $y = \frac{1}{2}x^2 - 2$
b $7 = 3 \cdot 2^2 + c = 12 + c$; $c = -5$ $y = 3x^2 - 5$
c $-3 = -\frac{1}{2} \cdot 6^2 + c = -18 + c$; $c = 15$ $y = -\frac{1}{2}x^2 + 15$
d $-0{,}5 = a \cdot (-3)^2 - 2 = 9a - 2$; $a = \frac{1}{6}$ $y = \frac{1}{6}x^2 - 2$
e $5 = a \cdot (-2)^2 - 3 = 4a - 3$; $a = 2$ $y = 2x^2 - 3$

13 p_1: $y = \frac{1}{4}x^2 - 1$ p_2: $y = -x^2 + 4$
Beispiele für weitere Parabeln: $y = x^2 - 4$; $y = \frac{1}{2}x^2 - 2$; $y = -\frac{1}{4}x^2 + 1$

14
a Nein, die Parabeln sind um 1 Einheit entlang der y-Achse gegeneinander verschoben und haben deswegen keine gemeinsamen Punkte.
b Die Parabeln haben beide den Scheitelpunkt $S(0|-3)$. Da die erste nach unten und die zweite nach oben geöffnet ist, ist dies ihr einziger gemeinsamer Punkt.
c p_1 mit $S_1(0|5)$ ist nach unten geöffnet, p_2 mit $S_2(0|3)$ ist nach oben geöffnet. Der Scheitelpunkt von p_1 liegt oberhalb des Scheitelpunkts von p_2; die Parabeln haben zwei Schnittpunkte.

15

a $N_1(4|0)$; $N_2(-4|0)$

b $S(0|2)$. Das Dreieck hat eine Grundseite der Länge 8 und einen Höhe der Länge 2, also A = 8 FE.

c Das Dreieck ist gleichseitig mit $\overline{N_1S} = \overline{N_2S} = \sqrt{4^2 + 2^2} = \sqrt{20} \approx 4{,}47$ LE.
Der Umfang beträgt damit u ≈ 16,94 LE.

16

a $-2{,}5 = a \cdot 2^2 - 4{,}5 = 4a - 4{,}5$; $a = \frac{1}{2}$; $y = \frac{1}{2}x^2 - 4{,}5$; $N_1(3|0)$; $N_2(-3|0)$

b $S(0|-4{,}5)$, Abstand $\overline{N_1S} = \overline{N_2S} = \sqrt{4{,}5^2 + 3^2} \approx 5{,}41$ LE

c $Q(4|3{,}5)$. Länge der Grundseite: g = 6; Länge der Höhe: h = 3,5; Flächeninhalt A = 10,5 FE

6.4 Die quadratische Funktion y = (x − d)² + e

Seite 135

1

① $y = (x + 2)^2 - 1$: Tabelle B ② $y = (x - 3)^2 + 1$: Tabelle A ③ $y = x^2 - 2x - 1$: Tabelle C

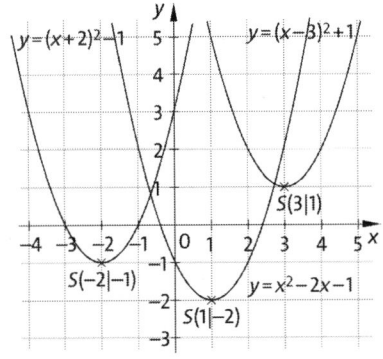

Seite 136

Übungsaufgaben

1

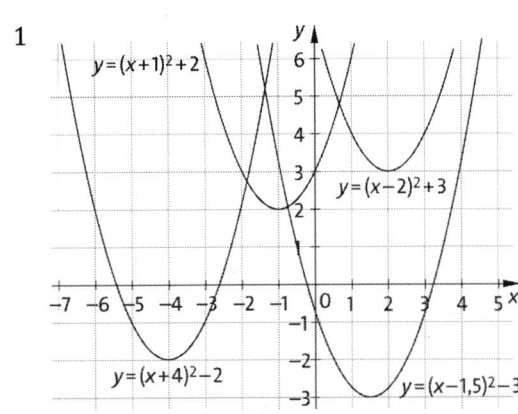

6 Funktionale Zusammenhänge

2
a Scheitelpunkt S(4|1), um 4 Einheiten nach rechts und 1 Einheit nach oben verschoben.
b Scheitelpunkt S(−3|0), die Parabel ist um 3 Einheiten nach links verschoben.
c Scheitelpunkt S(−5|−3), um 5 Einheiten nach links und 3 Einheiten nach unten verschoben.
d Scheitelpunkt S(2,5|−4), um 2,5 Einheiten nach rechts u. 4 Einheiten nach unten verschoben.

3
a S(1|−1); Scheitelform: $y = (x − 1)^2 − 1$; Normalform: $y = x^2 − 2x$
b S(−3|−2); Scheitelform: $y = (x + 3)^2 − 2$; Normalform: $y = x^2 + 6x + 7$

4
a $y = (x − 2)^2 − 2$; S(2|−2)
b $y = (x − 4)^2 − 4$; S(4|−4)
c $y = (x + 1,5)^2 − 3,5$; S(−1,5|−3,5)
d $y = (x − 0,5)^2 + 2$; S(0,5|2)

5
a $y = (−4 + 3)^2 − 5 = −4$: P liegt nicht auf der Parabel
b $y = (−1)^2 − 9 \cdot (−1) + 2 = 12$: P liegt nicht auf der Parabel.
c $y = 3^2 − 3 − 8 = −2$: P liegt auf der Parabel.

6
a P(4|**33**)   **b** Q(6|**8**)   **c** R(−3|**13**)

7
a $N_1(−1|0)$; $N_2(−3|0)$
b $N_1(4|0)$; $N_2(1|0)$
c $N_1(0|0)$; $N_2(−4|0)$
d $N_1(2,5|0)$; $N_2(0,5|0)$

8
a Schnittpunkte mit der x-Achse: p_1: $N_1(−1|0)$; $N_2(3|0)$; p_2: N(4|0)
Schnittpunkte mit der y-Achse (Werte bei x = 0): p_1: M(0|−3); p_2: M(0|16)

b
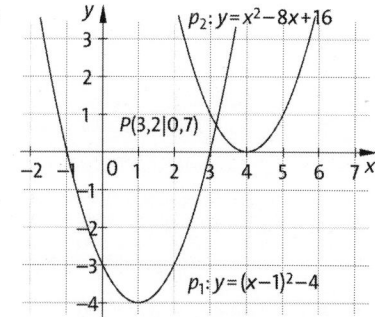

Der Schnittpunkt der Graphen liegt ungefähr in dem Punkt P(3,2|0,7).

9
p_1 − (A): P(1|4) und Q(2|1) liegen auf der Parabel.
p_2 − ①: Der Scheitelpunkt der Parabel ist S(2|1).
p_3 − ②
Der Scheitelpunkt der Parabel ist S(−1|2), die Gleichung lautet in Scheitelform $y = (x + 1)^2 + 2$.
p_4 − (B)
Der Scheitelpunkt der Parabel ist S(−1|−1), die Punkte P'(0|0) und Q'(−2|0) liegen auf der Parabel.

6.4 Die quadratische Funktion y = (x − d)² + e

10
a $y = (x - 2)^2 - 5$ **b** $y = x^2 - 2x - 1$ **c** $y = x^2 + 3x - 5$

11 Sina hat die beiden gegebenen Punkte in die allgemeine Form der Gleichung eingesetzt. Damit hat sie ein lineares Gleichungssystem erhalten und dann das Subtraktionsverfahren angewandt. In der Gleichung mit einer Variablen hat sie den Wert des Parameters b berechnet. Dann hat sie b in die zweite Gleichung eingesetzt und konnte den fehlenden Wert von c berechnen. Abschließend hat sie die vollständige Funktionsgleichung angegeben.

Seite 137

12
a (I) $2 = 1 + b + c$
   (II) $10 = 25 + 5b + c$
   Lösung: $b = -4$; $c = 5$
   $y = x^2 - 4x + 5$

c (I) $5 = 1 - b + c$
   (II) $10 = 4 - 2b + c$
   Lösung: $b = -2$; $c = 2$
   $y = x^2 - 2x + 2$

b (I) $2 = 9 - 3b + c$
   (II) $7 = 4 + 2b + c$
   Lösung: $b = 2$; $c = -1$
   $y = x^2 + 2x - 1$

d (I) $-2 = 25 - 5b + c$
   (II) $1 = 4 - 2b + c$
   Lösung: $b = 8$; $c = 13$
   $y = x^2 + 8x + 13$

13
a $S(4|1)$; $y = (x - 4)^2 + 1$ **c** $S(-3|-2)$; $y = (x + 3)^2 - 2$
b $S(-3|-3)$; $y = (x + 3)^2 - 3$ **d** $S(1|1)$; $y = (x - 1)^2 + 1$

14
a $x^2 - 8x + 7 = 0$; $x_1 = 1$; $x_2 = 7$; $P(1|1)$; $Q(7|13)$ **c** $x^2 - x - 2 = 0$; $x_1 = 2$; $x_2 = -1$; $P(2|-1)$; $Q(-1|2)$
b $x^2 - 3x = 0$; $x_1 = 0$; $x_2 = 3$; $P(0|-1)$; $Q(3|2)$

15
a $x^2 + 5x - 6 = 0$; $x_1 = 1$; $x_2 = -6$: zwei gemeinsame Punkte, $P(1|-2)$; $Q(-6|19)$
b $x^2 + 2x + 1 = 0$; $x = -1$: ein gemeinsamer Punkt $P(-1|-2)$
c $x^2 + 3,5x + 4 = 0$; keine Lösung, also auch keine gemeinsamen Punkte.
   Beim Gleichsetzen kommt man auf eine quadratische Gleichung. Die Anzahl der gemeinsamen Punkte von Parabel und Geraden entspricht der Anzahl der Lösungen dieser Gleichung.
   Man kann die Anzahl also an der Determinante der zugehörigen Gleichung erkennen:
   $D > 0$: zwei gemeinsame Punkte; $D = 0$: ein gemeinsamer Punkt, $D < 0$: kein gemeinsamer Punkt

16
a $P(1|1)$ **b** $P(2|-3)$; $Q(-1|0)$ **c** $P(0|1)$; $Q(8|33)$

17
a p_1: $N_1(-1|0)$; $N_2(3|0)$, damit p_1: $y = (x - 1)^2 - 4$ oder $y = x^2 - 2x - 3$
   p_2: Scheitelpunkt $S_2(2|1)$, damit p_2: $y = (x - 2)^2 + 1$ oder $y = x^2 - 4x + 5$
b $Q(4|5)$
c p_3: $y = -\frac{1}{4}x^2 + 2$

6 Funktionale Zusammenhänge

18

a p: $y = x^2 + 2x - 4$; g: $y = x + 2$; Schnittpunkte: P(2|4); Q(–3|–1)

b $\overline{PQ} = \sqrt{(2-(-3))^2 + (4-(-1))^2} \approx 7{,}07$ LE

6.5 Aufgaben systematisch lösen

Seite 140

Übungsaufgaben

1 $p_1 - ②$, $y = x^2 + 4x + 5$
$p_2 - ①$, $y = (x - 1)^2 - 2$
$p_3 - ④$, $y = x^2 - 6x + 10$
Scheitelpunkt von ③: $y = x^2 + 4x + 6 = (x + 2)^2 + 2$; S(–2|2)

2

a ① – p_3, Scheitelpunkt bei S(3|–3)
② – p_4: Scheitelpunkt bei S(2|0)

b p_1: $y = (x + 3)^2 - 2$ oder $y = x^2 + 6x + 7$
p_2: $y = 0{,}25x^2 - 3$

3

a Zur Wertetabelle gehört Gleichung ②, da z. B. der Punkt (1|8) dadurch beschrieben wird.
Zur Wertetabelle gehört der Graph p_1, da die Punkte (–1|0) und (0|3) auf dem Graphen liegen.

b ① – p_3; Gleichung zu p_2: $y = (x - 1)^2 - 4$ oder $y = x^2 - 2x - 3$

4 $y = (x - 3)^2 - 1$: Der Graph wurde falsch entlang der x-Achse verschoben, nämlich nach links statt nach rechts.
$y = x + 1$: Der Graph wurde richtig gezeichnet.
$y = (x - 2)^2 + 1$: Der Graph wurde richtig gezeichnet
$y = 2x - 1$: Es wurde ein Graph mit der falschen Steigung gezeichnet, nämlich m = 0,5 statt m = 2.
Richtig sehen die beiden Graphen so aus:

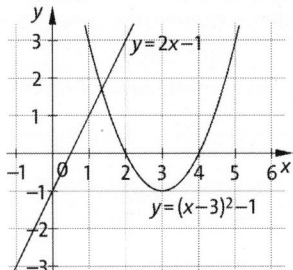

5

a Scheitelpunktform von p_1: $y = (x + 2)^2 - 2$
p_2: $y = (x - 1)^2 + 4$ oder $y = x^2 - 2x + 5$

5 *(Fortsetzung)*

b Die Scheitelpunkte sind:
p_1: $S_1(-2|-2)$
p_2: $S_2(1|4)$
Durch diese Punkte verläuft die Gerade
g: $y = 2x + 2$

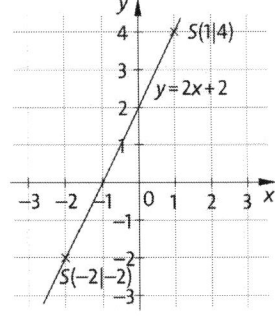

Seite 141

6

a $y = (x - 1)^2 - 8$ oder $y = x^2 - 2x - 7$

x	-2	-1	0	1	2	3	4
y	1	-4	-7	-8	-7	-4	1

b $y = 5^2 - 2 \cdot 5 - 7 = 8$: P(5|8) liegt auf der Parabel.
$y = (-4)^2 - 2 \cdot (-4) - 7 = 17$: Q(-4|18) liegt nicht auf der Parabel.

7

a $y = (x - 2)^2 - 1$ oder $y = x^2 - 4x + 3$
b P(5|8)
c Scheitelpunkt der Parabel: S(2|-1).
Beispielsweise verlaufen unterhalb der Parabel: die Gerade $y = -2$ oder die Gerade $y = -x$

8

a $S_1(-4|6)$, p_2: $y = \frac{1}{2}x^2 - 2$
b $S_2(0|-2)$, die beiden Scheitelpunkte liegen auf der gegebenen Geraden.

9

a ablesen: $N_1(-3|0)$, $N_2(1|0)$, damit $y = (x + 1)^2 - 4$ oder $y = x^2 + 2x - 3$
b S(-1|-4), g: $y = 3x - 1$
c h: $y = 3x + 2$

10 p: $y = (x - 2)^2 - 3$ oder $y = x^2 - 4x + 1$; g: $y = x - 3$;
Schnittpunkte: Q(4|1); R(1|-2)

11 S(1|1); g: $y = -2x + 3$; T(-1|5)

12

a Ablesen der Koordinaten der Nullstellen von p_1: $N_1(-5|0)$ und $N_2(-1|0)$.
p_1: $y = (x + 3)^2 - 4$ oder $y = x^2 + 6x + 5$
Ablesen des Scheitelpunkts von p_2: S(2|1).
p_2: $y = (x - 2)^2 + 1$ oder $y = x^2 - 4x + 5$

12 *(Fortsetzung)*
b Q(0|5).
c $p_3: y = -2x^2 + 5$.

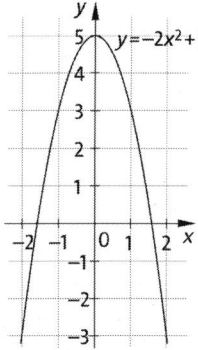

Seite 142

13
a $y = x^2 + 4x - 2$; Q(0|-2)
b S(-2|-6)
Geradengleichung: $y = 2x - 2$
c R(**4,5**|7)

14
a $p_2: y = (x - 3)^2 - 5$ oder $y = x^2 - 6x + 4$

x	0	1	2	3	4	5	6
y	4	-1	-4	-5	-4	-1	4

b $S_1(-1|1)$; $S_2(3|-5)$,
h: $y = -1,5x - 0,5$; die Steigung ist also $m = -1,5$

15
a Zur Wertetabelle gehört der Graph p_1, die Gleichung ist $y = x^2 + 2$.
b p_3 und p_4 sind verschobene Normalparabeln.
$p_3: y = (x - 3)^2 - 1$ oder $y = x^2 - 6x + 8$
$p_4: y = (x - 4)^2 + 4$ oder $y = x^2 - 8x + 20$
Schnittpunkt: Q(6|8)
c Scheitelpunkt S(0|-2); $p_2: y = \frac{1}{2}x^2 - 2$
d Beispiele: $y = -x^2 - 3$ oder $y = \frac{1}{2}x^2 - 3$

16
a $p_1: y = (x + 1)^2 - 3$ oder $y = x^2 + 2x - 2$
$p_2: y = (x - 2)^2$ oder $y = x^2 - 4x + 4$
$p_3: y = (x - 4)^2 + 2$ oder $y = x^2 - 8x + 18$
b Q(2|6)
c $S_2(2|0)$; $S_3(4|2)$; damit g: $y = x - 2$
$S_1(-1|-3)$
Es ist $y = -1 - 2 = -3$: Der Scheitelpunkt S_1 liegt ebenfalls auf der Geraden g.

17

a p_1: $y = (x + 2)^2 - 3$ oder $y = x^2 + 4x + 1$
p_2: $y = x^2 - 6x + 11$ oder $y = (x - 3)^2 + 2$
Schnittpunkt: Q(1|6)

b g: $y = 3x + 3$; Schnittpunkt mit der x-Achse: N(−1|0)

c $S_2(3|2)$; h: $y = 3x - 7$

Seite 143

18

a $S_1(0|4)$; p_2: $y = x^2 - 4x + 4$ oder $y = (x - 2)^2$; $S_2(2|0)$
g: $y = -2x + 4$

b h: $y = -2x + 2$
Gemeinsame Punkte von h und p_2:
$x^2 - 4x + 4 = -2x + 2$
$0 = x^2 - 2x + 2$
$x_{1,2} = -\left(\frac{-2}{2}\right) \pm \sqrt{\left(\frac{-2}{2}\right)^2 - 2}$
$x_{1,2} = 1 \pm \sqrt{-1}$
Diskriminante: D = −1 < 0
Die Gleichung hat keine Lösung und damit gibt es keine gemeinsamen Punkte.

19

g: $y = -2,5x + 1$
h: $y = 0,5x - 5$
Schnittpunkt von g und h: $-2,5x + 1 = 0,5x - 5$
ergibt $S_1(2|-4)$.
p_1: $y = (x - 2)^2 - 4$
Spiegelung an der y-Achse ergibt die Parabel:
p_2: $y = (x + 2)^2 - 4$
Enis hat Recht, die beiden Parabeln schneiden sich im Ursprung.

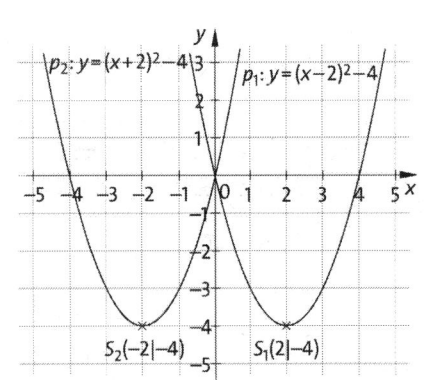

20

a Der Scheitelpunkt von p_1 liegt in der Mitte zwischen x = 0 und x = 4, also bei x = 2.
p_1: $y = (x - 2)^2 - 5$ oder $y = x^2 - 4x - 1$; p_2: $y = (x + 3)^2$ oder $y = x^2 + 6x + 9$
Schnittpunkt der Parabeln: Q(−1|4); g: $y = -x + 3$

b Schnittpunkt von g mit der x-Achse: T(3|0); mit der y-Achse: U(0|3)
Das Dreieck hat also eine Grundseite und eine Höhe mit der Länge 3 LE; A = 4,5 FE

21

a p_1: $y = (x - 4)^2$; $S_1(4|0)$; p_2: $y = (x + 4)^2 - 4$ oder $y = x^2 + 8x + 12$; $S_2(-4|-4)$
g: $y = \frac{1}{2}x - 2$; $\overline{S_1 S_2} = \sqrt{(4 - (-4))^2 + (0 - (-4))^2} \approx 8,94$ LE

b $N_1(-2|0)$; $N_2(-6|0)$; Grundseite: 4 LE; Höhe 4 LE; A = 8 FE

6 Funktionale Zusammenhänge

22

a   p: $y = -\frac{1}{4}x^2 + 4$; g: $y = 4x - 5$
   $x^2 + 16x - 36 = 0$; Lösungen: $x_1 = 2$; $x_2 = -18$; Q(-18|-77)

b $N_1(4|0)$; $N_2(-4|0)$
   Grundseite: 8 LE; Höhe 3 LE; A = 12 FE

c   Die Grundseite des Dreiecks bleibt gleich, den größten Flächeninhalt hat also das Dreieck mit der größten Höhe. Die Höhe entspricht dem y-Wert von P. Dieser Wert ist für x = 0 mit y = 4 am größten. Der größte Flächeninhalt ergibt sich also für P(0|4) mit A = 16 FE.

23

a   g: y = x + 4
   $x^2 + 5x + 4 = 0$
   Lösungen $x_1 = -1$; $x_2 = -4$; Q(-4|0)

b   h: y = -x - 4, $\alpha = 45°$; $\beta = 135°$

c   P(-1|3); Q(-4|0); R(-2|-2)
   Gerade durch P und R: k: y = 5x + 8
   Schnittpunkt von k mit der x-Achse: $N_k(-1,6|0)$
   Damit kann man das gesuchte Dreieck in zwei Dreiecke zerlegen:
   Über der x-Achse:
   Grundseite 2,4 LE; Höhe 3;
   Flächeninhalt $A_1 = 3,6$ FE
   Unter der x-Achse:
   Grundseite 2,4 LE; Höhe 2 LE;
   Flächeninhalt $A_2 = 2,4$ FE
   $A = A_1 + A_2 = 6$ FE

d   Auch die Gerade g schneidet die x- und die y-Achse im Winkel von 45°.
   Das Dreieck PQR hat also bei Q zwei Winkel der Größe 45° und damit dort einen rechten Winkel.

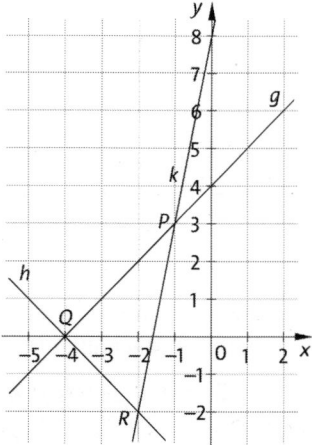

6.6 Anwendungen mithilfe quadratischer Funktionen lösen

Seite 144

1

a   Aus der Höhe der Brücke ergibt sich c = 24.
   Die Koordinaten der Nullstellen sind $N_1(15|0)$ und $N_2(-15|0)$.
   Einsetzen ergibt: $y = -\frac{8}{75}x^2 + 24$.

b

x	-15	-12	-10	-5	-1	0	1	5	10	12	15
$y = -\frac{8}{75}x^2 + 24$	0	8,64	13,33	21,33	23,89	24	23,89	21,33	13,33	8,64	0

6.6 Anwendungen mithilfe quadratischer Funktionen lösen

1 *(Fortsetzung)*

Zeichnung zu **b** und **c**

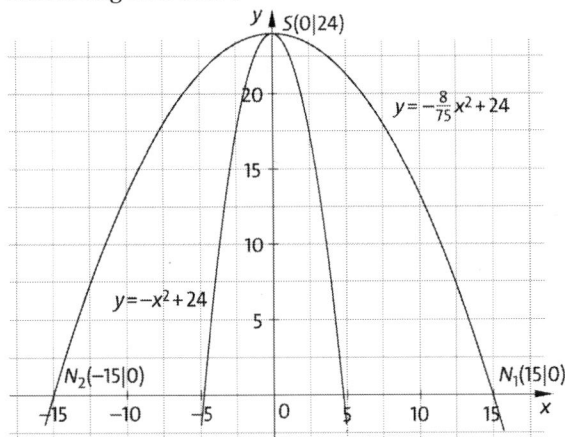

c Schnittpunkt von $y = -x^2 + 24$ mit der x-Achse: $N^*_1(-4,9|0)$ und $N^*_2(4,9|0)$.
Beide Parabeln haben den gleichen Scheitelpunkt $S(0|24)$ und sind nach unten geöffnet. Die zweite ist aber deutlich schmaler.

Übungsaufgaben

1

a Der Scheitel der Parabelgleichung liegt bei $S(0|100)$, die Brücke ist also 100 m hoch.

b $N_1(273,86|0)$, $N_2(-273,86|0)$
Die Spannweite beträgt 547,72 m.

c $y = -\frac{1}{750} \cdot 100^2 + 100 = 86,67$: A liegt nicht auf der Parabel.
$y = -\frac{1}{750} \cdot 200^2 + 100 = 46,67$: B liegt nicht auf der Parabel.
$y = -\frac{1}{750} \cdot 0^2 + 100 = 100$: C liegt auf der Parabel.
$y = -\frac{1}{750} \cdot 193,65^2 + 100 = 50$: D liegt auf der Parabel.

2 gegeben: $S(80|0)$; $N_1(100|0)$, $N_2(-100|0)$
$y = -\frac{1}{125} \cdot x^2 + 80$ oder $y = -0,008x^2 + 80$

3

a $S(0|6,4)$
$N_1(-4,62|0)$; $N_2(4,62|0)$.
$y = -0,3x^2 + 6,4$.

b Aus $4,2 = -0,3x^2 + 6,4$ folgt $x_1 = 2,71$; $x_2 = -2,71$.
Die Brücke ist in dieser Höhe also 5,42 m breit.

3 *(Fortsetzung)*

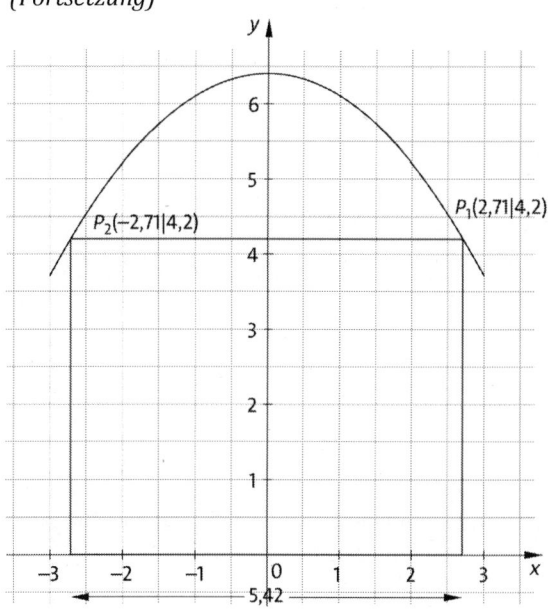

Wenn der Fahrer also genau in der Mitte und ganz gerade fährt, könnte er mit einem Fahrzeug mit 5,42 m Breite theoretisch unter der Brücke durchfahren. Realistisch ist es, dass ein Auto mit 5 m Breite durch die Brücke passt, auch hier muss man sehr vorsichtig fahren.

Seite 145

4

a p: $y = -0,01x^2 + 6$; $N_1(-24,49|0)$; $N_2(24,49|0)$.
Der Bogen hat eine Spannweite von 48,98 m.

b
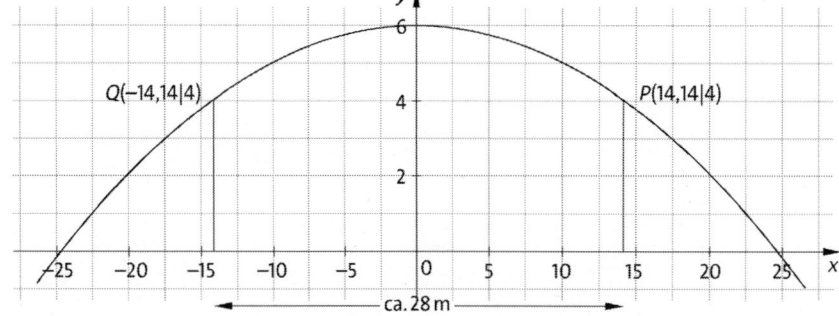

Aus $4 = -0,01x^2 + 6$ folgt $x_1 = -14,14$ und $x_2 = 14,14$.
Es bleibt also ein ca. 28 m breiter Streifen, über dem die Brücke mehr als 4 m hoch ist. Darauf befinden sich sechs Fahrbahnen, zwei Standstreifen und der Mittelstreifen. Wenn man für den Mittelstreifen ca. 3 m ansetzt, für einen Standstreifen 2,50 m, ist jede Fahrbahn ca. 3,30 m breit.

5

a $y = -1,05x^2 + 4,2$ oder $y = -\frac{21}{20} \cdot x^2 + 4,2$

b $S(0|4,2)$, $N_1(-2|0)$; $N_2(2|0)$
$\overline{SN_1} = \sqrt{2^2 + 4,2^2}$: Die weiße Strecke ist $\overline{SN_1} = 4,65$ m lang.

6.6 Anwendungen mithilfe quadratischer Funktionen lösen

6

a $y = -\frac{2}{700} \cdot x^2 + 25$; $N_1(-93,54|0)$; $N_2(93,54|0)$: Der Golfball fliegt maximal 187,08 m weit.

b Der Abschlag befinde sich bei x = –93,54 m, nach 43 m ist also x = –50,54.
$y = -\frac{2}{700} \cdot (-50,54)^2 + 25 = 17,70$
Ja, nach 43 m vom Abschlagpunkt ist der Ball 17,7 m hoch und überfliegt den 15 m hohen Baum.

7

a $S(0|15)$; $N_1(-25|0)$; $N_2(25|0)$; $y = -0,024x^2 + 15$ oder $y = -\frac{3}{125} \cdot x^2 + 15$

b Der Ball fliegt 50 m. Da der Spieler an der Torraumlinie abschlägt, landet er jenseits der Mittellinie und damit nicht mehr in der eigenen Spielhälfte.

c „Nach 10 m" entspricht x = –15.
$y = -0,024 \cdot (-15)^2 + 15 = 9,6$: Nach 10 m ist der Ball 9,6 m hoch.

8

a y-Achse durch den tiefsten Punkt der Brücke, x-Achse auf der Straße
$S(0|0)$; $P_1(-360|75)$; $P_2(360|75)$; $y = \frac{1}{1728} \cdot x^2$ oder $y = 0,0006\, x^2$

b Rechts vom tiefsten Punkt sind fünf Tragseile bei x = 60, x = 120, x = 180, x = 240 und x = 300.
$l_R = \frac{1}{1728} \cdot 60^2 + \frac{1}{1728} \cdot 120^2 + \frac{1}{1728} \cdot 180^2 + \frac{1}{1728} \cdot 240^2 + \frac{1}{1728} \cdot 300^2 \approx 114,58$
Auf der linken Seite sind die Tragseile genauso lang, außerdem befinden sie sich auf beiden Seiten der Fahrbahn. Insgesamt beträgt ihre Länge also l = 458,33 m.

9

a Der Wasserstrahl tritt an der Düse an der einen Nullstelle aus und tritt an der zweiten Nullstelle der Parabel wieder ins Wasser ein.
$y = -0,5x^2 + 2$, $N_1(-2|0)$; $N_2(2|0)$: Der Wasserstrahl tritt nach 4 m wieder ins Wasser ein.

b Bei einer Wassertiefe von 20 cm ragen die Personen 1,50 m hoch aus dem Wasser.
Aus $1,5 = -0,5x^2 + 2$ folgt $x_1 = -1$ und $x_2 = 1$.
Die drei haben also etwa 2 m Platz. Das müsste reichen.

Seite 146

10

a $S(0|5,6)$; $P(-9|2,4)$; $y = ax^2 + 5,6$, mit P ergibt sich: $y = -\frac{16}{405}x^2 + 5,6$
$N_1(-11,91|0)$; $N_2(11,91|0)$
Die Kugel fliegt 9 m bis zum Scheitel und dann 11,91 m bis zum Boden, insgesamt 20,91 m.

b $y = -0,05\, x^2 + 3,2$; $N_1(-8|0)$; $N_2(8|0)$
Scheitel der Flugparabel: $S(0|3,2)$, aus $y = 1,65$ folgt $x_1 = -5,57$; $x_2 = 5,57$
Die Kugel erreicht also nach 5,57 m ihren höchsten Punkt.

11

$y = -0,11\, x^2 + 1,4$

a Der Ring befindet sich bei x = 0,5, dort ist $y = -0,11 \cdot 0,5^2 + 1,4 = 1,3725$.
Der Ball ist dort also 1,37 m hoch und geht über den Ring.

b Die Rampe endet bei x = –2,30, $y = -0,11 \cdot (-2,3)^2 + 1,4 = 0,82$, der Ball ist dort also 0,82 m hoch.
$\tan \alpha = \frac{0,82}{1,3}$, also $\alpha = 32,2°$

6 Funktionale Zusammenhänge

12 Der Verlauf der Brücke wird mit einer Parabelgleichung beschrieben, die x-Achse liegt auf der Straße, die y-Achse geht durch den höchsten Punkt der Brücke. S(0|15); N_1(20|0); N_2(−20|0).
$y = -\frac{3}{80}x^2 + 15$ oder $y = -0{,}0375x^2 + 15$

Der Brückenbogen kann in zwei Hälften geteilt werden. Auf jeder dieser Seiten werden fünf gerade Lichterketten angebracht. Die Stützpunkte verteilen sich gleichmäßig auf dem halben Bogen. Sie sind also jeweils 4 m voneinander entfern. Wir zeichnen einen Ausschnitt des Bogens:

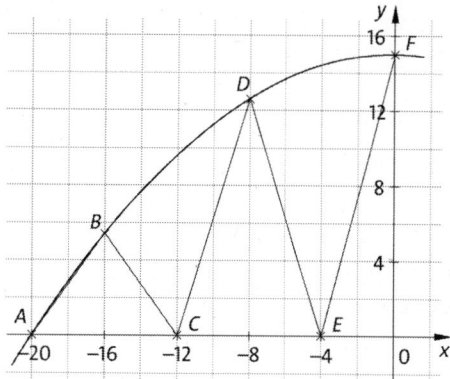

Auf der linken Seite des Brückenbogens liegen die Aufhängepunkte der Lichterkette bei
$x_1 = -20$; $x_2 = -16$; $x_3 = -12$, $x_4 = -8$, $x_5 = -4$ und $x_6 = 0$.
Jeder zweite Punkt liegt auf der Brücke, die anderen am Boden. Also folgt:
A(−20|0); B(−16|5,4), C(−12|0), D(−8|12,6), E(−4|0), F(0|15).
Mit dem Satz des Pythagoras kann man nun die Länge der Lichterkettenstücke berechnen:
$\overline{AB} = \overline{BC} = 6{,}72$ m; $\overline{CD} = \overline{DE} = 13{,}22$ m; $\overline{EF} = 15{,}52$ m
Länge der Lichterkette in einem halben Bogen: l = 55,4 m.
Gesamtlänge in beiden Bögen auf beiden Seiten: $l_{ges} = 4 \cdot l = 221{,}60$ m.

13

a Höhe: ca. 18,2 m, Spannweite: ca. 11,2 m
b Mit den Schätzwerten ergibt sich: S(0|18,2), N_1(5,6|0); N_2(−5,6|0).
$y = -0{,}58x^2 + 18{,}2$

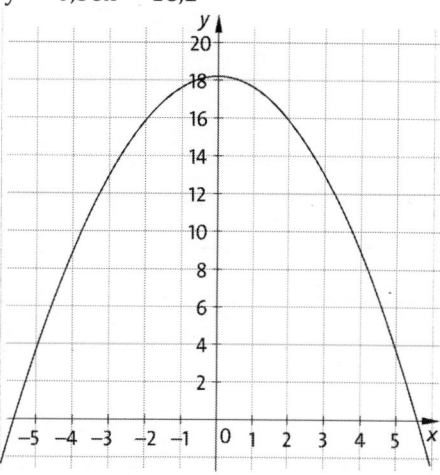